"ධම්මෝ හි වාසෙට්ඨා, සෙට්ඨෝ ජනේතස්මිං
දිට්ඨේ චේව ධම්මේ, අභිසම්පරායේ ච."

වාසෙට්ඨයෙනි, මෙලොවෙහි ත්, පරලොවෙහි ත්
ජනයා අතර ධර්මය ම ශ්‍රේෂ්ඨ වෙයි !

- අග්ගඤ්ඤ සූත්‍රය - භාග්‍යවත් බුදුරජාණන් වහන්සේ

අලුත් දහම් වැඩසටහන - 19

අසිරිමත් මහා කරුණාව

පූජ්‍ය කිරිබත්ගොඩ ඤාණානන්ද ස්වාමීන් වහන්සේ

ප්‍රථම මුද්‍රණය : ශ්‍රී බු.ව. 2560 ක් වූ නවම් මස පුන් පොහෝ දින

සම්පාදනය : මහමෙව්නාව භාවනා අසපුව
වඩුවාව, යටිගල්ඔළුව, පොල්ගහවෙල.
දුර : 037 2244602
info@mahamevnawa.lk | www.mahamevnawa.lk

පරිගණක අකුරු සැකසුම, පිටකවර නිර්මාණය සහ ප්‍රකාශනය :
මහාමේඝ ප්‍රකාශකයෝ
වඩුවාව, යටිගල්ඔළුව, පොල්ගහවෙල.
දුර : 037 2053300, 076 8255703
mahameghapublishers@gmail.com

මුද්‍රණය : ලීඩ්ස් ග්‍රැෆික්ස් (පුද්.) සමාගම,
අංක 356 E, පන්නිපිටිය පාර, තලවතුගොඩ.

අසිරිමත් මහා කරුණාව

අලුත් දහම් වැඩසටහන
19

පූජ්‍ය කිරිබත්ගොඩ ඤාණානන්ද ස්වාමීන් වහන්සේ
විසින් පොල්ගහවෙල මහමෙව්නාව භාවනා අසපුවේ අලුත් දහම්
වැඩසටහනේ දී සිදු කළ ධර්ම දේශනා ඇසුරිනි.

මහාමේඝ
MAHAMEGHA

ප්‍රකාශනයකි

පෙළගැස්ම....

නමෝ තස්ස භගවතෝ අරහතෝ සම්මාසම්බුද්ධස්ස
ඒ භාග්‍යවත් අර්හත් සම්මා සම්බුදුරජාණන් වහන්සේට නමස්කාර වේවා!

01.
උදේ වරුවේ
ධර්ම දේශනය

සැදැහැවත් පින්වත්නි,

මාසිකව සිදුකරනු ලබන මේ දහම් වැඩසටහනේදී අපි ඔබට බුදුරජාණන් වහන්සේගේ ධර්මයේ පටිච්චසමුප්පාදය, පංචඋපාදානස්කන්ධ ආදී ගැඹුරු දහම් කොටස් බොහොම සරල විදිහට කියා දුන්නා. බුදුරජාණන් වහන්සේ සරණ යන්නේ නැතුව, බුදුරජාණන් වහන්සේගේ සරණේ පිහිටන්නේ නැතුව අපට මේ ධර්මය වැටහෙන්නේ නෑ. මේ ධර්මය තමන් වටහා ගත්තු, තමන්ට අවබෝධ වෙච්ච දෙයක් කියලා තමන්ව ඉස්මතු කරගත්තොත් ඒක ධර්මයේ නොපිහිටීම පිළිබඳ ලකුණක්. මේ ධර්මය හරි විදිහට තේරුණා නම් ඒ කෙනා හැම තිස්සේ ම ප්‍රශංසා කරන්නේ ඒ ධර්මය පෙන්නා දීපු ශාස්තෘන් වහන්සේට යි. ඊළඟට ඒ ධර්මයටයි. ඊළඟට ශ්‍රාවක සංඝයාටයි. මෙකල මනුෂ්‍යයාට බුදුරජාණන් වහන්සේගේ ධර්මය අවබෝධ කරන්න තියෙන වාසනාව

මදිබව ඉතාමත් පැහැදිලිව පේන කාරණයක්.

අභ්‍යන්තර ගුණධර්මයන්ගේ ලොකු බිඳවැටීමක් තියෙනවා....

මං මුල් කාලේ නිතරම කිව්වා ඉක්මණින් ම මේ ධර්මයේ හිත පිහිටුවාගෙන ආර්ය සත්‍යය අවබෝධ කරන්න මහන්සි ගන්න කියලා. පස්සේ පස්සේ මට තේරුණා ආර්ය සත්‍යය අවබෝධ කිරීම තබා සත්පුරුෂයෙක් වීමත් මෙකල මනුෂ්‍යයාට අමාරුයි කියලා. ඊට පස්සේ මං කියාගෙන ගියා සත්පුරුෂයෙක් වෙලා දිව්‍ය ලෝකෙවත් යාගන්න කියලා. ඒ තරම් මනුෂ්‍යයාගේ අභ්‍යන්තර ගුණධර්මයන්ගේ ලොකු බිඳවැටීමක් ඇතිබව අපිට ප්‍රායෝගිකව දිනෙන් දින පසක් වෙනවා. ඒ මනුස්ස වර්ගයා අතර ම එක්තරා මනුස්සයෙක් හැටියට ජීවත්වන අපට තියෙන ඒ ගුණධර්මයන්ගේ මෝරානැතිකම හොඳට තේරුම් යනවා දැන් අපි මේ ඉගෙන ගන්න දේශනයෙන්. මේ දේශනාව මජ්ඣිම නිකායේ ඇතුළත්ව තියෙන්නේ. මේ දේශනාවේ නම **උපාලි සූත්‍රය**. උපාලි කියන ගෘහපතියා බුදුරජාණන් වහන්සේගේ ධර්මය අහලා අවබෝධ කරපු බොහොම අසිරිමත් විස්තරයක් දැන් අපි ඉගෙන ගන්නේ.

මේ විස්තරය හරිම පුදුම සහගතයි. උපාලි කියන්නේ අන්‍යාගමික කෙනෙක්. එයා බුදුරජාණන් වහන්සේගෙන් ධර්මය අහලා එකපාරට අනිත් පැත්තට හැරුණා. අනිත් පැත්ත හැරුණා විතරක් නෙමෙයි, හිරුරැස් වැටෙද්දී මෝරපු නෙළුමක් පිපුනා වගේ ඔහු තුළ තිබ්බ්ච්ච අසාමාන්‍ය නිර්මාණ කුසලතා පවා වැඩුණා. ඒක හරි පුදුම සහගතයි. ඒක ශ්‍රාවකයන්ගේ තියෙන විශේෂ දෙයක්.

ශ්‍රාවකයෝ තුන් කොටසක්....

අපි දන්නවා බුදුරජාණන් වහන්සේගේ ධර්මය අවබෝධ කරන ශ්‍රාවකයෝ තුන්කොටසක් ඉන්නවා. පළවෙනි කොටසට කියන්නේ **උග්ඝටිතඤ්ඤූ** කියලා. උග්ඝටිතඤ්ඤූ කියලා කියන්නේ බුදු මුවින් යම්කිසි දහම් කාරණයක් පැහැදිලි කරද්දී ඒ ධර්මය වහා අවබෝධ කිරීමේ පූර්ණ හැකියාවක් ඒ ශ්‍රාවකයා තුළ තියෙනවා. ඊළඟ ශ්‍රාවකයන්ට කියනවා **විපඤ්චිතඤ්ඤූ** කියලා. ධර්ම කාරණාවක් විස්තර වශයෙන් විග්‍රහ කරද්දි ඒ ශ්‍රාවකයාට ඒක අවබෝධ වෙනවා. තව කොටසක් ඉන්නවා **නෙය්‍ය** කියලා. නෙය්‍ය කියන්නේ මහත් වීරියකින් උත්සාහයකින් දහම් කාරණා නැවත නැවත ඉගෙන ගෙන, නැවත නැවත ඒ ධර්මයේ විස්තර වෙන කරුණු නුවණින් විමස විමස අවබෝධය කරා යන පිරිස. ඒ පිරිස තමයි වැඩි. තව කොටසක් සඳහන් වෙනවා **පදපරම** කියලා. පදපරම කියන්නේ ධර්මය අහනවා විතරයි, අවබෝධයට යන්නේ නෑ. මං හිතන්නේ මේ කාලේ ගොඩාක් ඉන්නේ ඒ අය තමයි. එහෙම ලෝකෙක තමයි මේ ධර්මය අපි කතා කරන්නේ.

දැනුත් නිගණ්ඨයෝ වැඩිපුර ඉන්නේ රජගහනුවර....

ඒ කාලේ අපගේ ශාස්තෘන් වහන්සේ වැඩසිටියේ නාලන්දාවේ පාවාරික කියන අඹවනයේ. පාවාරික කියන්නේ සිටුවරයෙකුගේ නමක්. මේ සිටුතුමා බුදුරජාණන් වහන්සේගෙන් ධර්මය අහලා පැහැදිලා තමන් සතු ඒ අඹ වනයේ කුටිසෙනසුන් හදලා අපගේ බුදුරජාණන් වහන්සේට පූජා කළා. ඒ අඹ වනයේ තමයි

බුදුරජාණන් වහන්සේ ඒ දවස්වල වැඩවාසය කළේ. ඔය නාලන්දාවේ ම ඒ කාලේ නිගණ්ඨනාතපුත්‍රත් මහා නිගණ්ඨ පිරිසක් සමග වාසය කළා.

අදටත් ඔය රජගහනුවර, නාලන්දාව හරියෙ ඉන්නේ ඔක්කොම නිගණ්ඨයොයි, නිගණ්ඨ ශ්‍රාවක පිරිසයි තමයි. ඉතින් ඒ නිගණ්ඨනාතපුත්‍රගේ ශ්‍රාවකයෙක් හිටියා දීඝතපස්සී කියලා. මේකේ තියෙනවා (**අථ ඛෝ දීඝතපස්සී නිගණ්ඨෝ නාලන්දායං පිණ්ඩායං චරිත්වා**) දීඝතපස්සී නිගණ්ඨයා නාලන්දාවේ පිඬුපිණිස හැසිරුනා කියලා. මෙතන පිඬුපිණිස හැසිරුනා කියලා කියන්නේ පාත්තරයක් අරගෙන පිණ්ඩපාතේ ගියා කියන එක නෙමෙයි. ඒ නිගණ්ඨයෝ නිර්වස්ත්‍රව ඉන්නේ. ඒ අය තල්ඇට දෙකකින් තදකරලා සම්පූර්ණයෙන් කෙස් උදුරනවා. ඒගොල්ලෝ කෙස් උදුරනවා දැක්කාම හරි පුදුමයි. තල්ඇට දෙකක් තියෙලා අල්ලලා ඇද්ද ගමන් කෙස් රොත්තම ගැලවිලා එනවා.

ව්‍යාජ සම්බුදුවරු බුදුරජාණන් වහන්සේට කිසිදවසක මුණගැහුනේ නෑ....

ඒගොල්ලෝ පාත්තර පාවිච්චි කරන්නේ නෑ. ගෙපිළිවෙළින් පිණ්ඩපාතේ යන්නෙත් නෑ. දායකයෙක් ආරාධනා කරනවා. ආරාධනා කළාම ගේ ඉස්සරහින් ගිහින් හිටගන්නවා. (**කරතල භික්ෂා**) අත්දෙකටයි පිණ්ඩපාතෙ පිළිගන්නේ. කරතල කියන්නේ අත්දෙක. අත්දෙකේ ඇඟිලි එකට එකතු කරගෙන ඉස්සරහට දික් කරනවා. එතකොට ඒකට තමයි කෑම දාන්නේ. එහෙම්මම කනවා. ඉතින් ඔය විදිහට පිණ්ඩපාතේ ගිහිල්ලා ආහාර අරගෙන ඉවර වෙලා දීඝතපස්සී පාවාරික අඹ වනයේ

බුදුරජාණන් වහන්සේ වැඩසිටින තැනට ගියා.

බුදුරජාණන් වහන්සේ ඒ කාලේ ඔය අන්‍යාගමිකයන් එක්කත් ඇයි හොඳයිව හිටියා. හැබැයි නිගණ්ඨනාතපුත්‍ර, අජිතකේසකම්බල, පකුධකච්චායන, මක්ඛලීගෝසාල, පූරණ කස්සප, සංජය බෙල්ලට්ඨිපුත්ත කියන සම්බුද්ධත්වය ප්‍රතිඥා දීපු අය බුදුරජාණන් වහන්සේට කිසිදවසක මුණගැහුනේ නෑ. ඇයි හේතුව? ඒක ධර්මතාවක්. සැබෑ සම්බුදුවරයෙක් සිටිද්දී ව්‍යාජ සම්බුදුවරුන්ට මුණගැහෙන්නේ නෑ. බැරිවෙලාවත් ව්‍යාජ සම්බුදුවරයෙකුට සැබෑ සම්බුදුවරයෙක් ඉස්සරහට මුණ ගැහුණොත් අර ව්‍යාජ සම්බුදුවරයාගේ බෙල්ල ගැලවිලා වැටෙනවා. ඒ නිසයි මුණගැහෙන්නේ නැත්තේ. ඒ නිසා බුදුරජාණන් ජීවමානව වැඩසිටිය කාලේ තමනුත් සම්බුදුයි කියලා ප්‍රතිඥා දීපු කිසි කෙනෙක් බුදුරජාණන් වහන්සේ ඉදිරියට මුණගැහුනේ නෑ.

මහා කරුණා සමාපත්තිය....

ඒ නිසා ඒගොල්ලෝ දන්නේ නෑ බුදුරජාණන් වහන්සේගේ රූපය මොන වගේ ද, මොන වගේ හැඩයකින් යුක්ත ද, මොන විදිහේ මහාපුරිස ලක්ෂණ තිබුණා ද කියලා. නමුත් මේ දීඝතපස්සී වරින්වර ගිහිල්ලා භාග්‍යවතුන් වහන්සේව බැහැදැකලා තියෙනවා. ඒ නිසා භාග්‍යවතුන් වහන්සේගේ ආනුභාවය ගැන දන්නවා. භාග්‍යවතුන් වහන්සේගේ දේශනා මහිමය ගැන දන්නවා.

බුදුරජාණන් වහන්සේ එදා මහාකරුණා සමාපත්තියට සමවැදිලා බැලුවා අද කව්ද මේ ධර්මය අවබෝධ කරගන්ට පින් රැස්කරලා තියෙන එක්කෙනා කියලා. බලද්දී පින් රැස්කරපු එක්කෙනා දැන් ඉන්නේ

නිගණ්ඨශ්‍රාවකයෙක් හැටියට. බුදුරජාණන් වහන්සේ දැක්කා ඒ කෙනාව සම්මුඛ වෙන්න, තමන් ඉස්සරහට මුණ ගැහෙන්න පිළිවෙළ යෙදෙන විදිහ. ඒ මේ දීඝතපස්සී හරහා. ඉතින් දීඝතපස්සී පාවාරික අම්බවනයට ඇවිල්ලා සතුටු සාමීචි කතාබහේ යෙදිලා පැත්තකින් හිටගත්තා. එතකොට බුදුරජාණන් වහන්සේ වදාළා 'තපස්සී, මේ ආසන තියෙන්නේ... වාඩිවෙන්ට...' කිව්වා. එතකොට දීඝතපස්සී එතන තිබුණ පොඩි ආසනයක් අරගෙන වාඩිවුනා.

ප්‍රශ්නය දීඝතපස්සීට, විසඳුම උපාලිට....

වාඩිවුනාට පස්සේ බුදුරජාණන් වහන්සේ දීඝතපස්සීගෙන් ප්‍රශ්නයක් අහනවා, නමුත් උත්තරේ යන්නේ වෙනකෙනෙකුට. ඒකයි මේකේ ආශ්චර්ය. සාකච්ඡාව පටන් ගන්නේ දීඝතපස්සිගෙන්. විසඳුම යන්නේ උපාලිට. බුදුරජාණන් වහන්සේ අහනවා (**කති පන තපස්සී නිගණ්ඨෝ නාතපුත්තෝ කම්මානි පඤ්ඤාපේති පාපස්ස කම්මස්ස කිරියාය පාපස්ස කම්මස්ස පවත්තියාති)** "තපස්සී, නිගණ්ඨනාතපුත්‍ර පව්කම් කිරීමට, පව්කම් පැවැත්වීමට කර්ම කීයක් තියෙනවා කියලද කියන්නේ?"

එතකොට දීඝතපස්සී කියනවා **(න ඛෝ ආවුසෝ ගෝතම ආචිණ්ණං නිගණ්ඨස්ස නාතපුත්තස්ස කම්මං කම්මන්ති පඤ්ඤාපේතුං)** "ඇවැත් ගෞතමයෙනි, අපගේ නිගණ්ඨනාතපුත්‍රයන්ට ඔය කර්මය කර්මය කියන වචනය අල්ලන්නේ නෑ. **(දණ්ඩං දණ්ඩන්ති ඛෝ ආවුසෝ ගෝතම ආචිණ්ණං නිගණ්ඨස්ස නාතපුත්තස්ස පඤ්ඤාපේතුං)** "ඇවැත් ගෞතමයෙනි, අපේ නිගණ්ඨ නාතපුත්‍රයන් ඕකට කියන්නේ දණ්ඩ දණ්ඩ කියලයි. කර්ම කියලා නොවෙයි.

දණ්ඩ තුනක් තියෙනවා....

එතකොට බුදුරජාණන් වහන්සේ වදාළා "හොඳයි තපස්සී, නිගණ්ඨනාතපුත්‍ර පව් රැස්කරන්න දණ්ඩයන් කීයක් පනවනවාද?" **(තීණි බෝ ආවුසෝ ගෝතම නිගණ්ඨෝ නාතපුත්තෝ දණ්ඩානි පඤ්ඤාපේති)** "ඇවැත් ගෞතමයෙනි, නිගණ්ඨනාතපුත්‍ර තෙමේ පව් විග්‍රහ කරන්න දණ්ඩ තුනක් පණවනවා. ඒ තමයි කායදණ්ඩ, වචීදණ්ඩ, මනෝදණ්ඩ." **(කිං පන තපස්සී)** "එතකොට තපස්සී **(අඤ්ඤදේව කායදණ්ඩං)** කායදණ්ඩ කියන්නේ වෙනින් එකක්ද? **(අඤ්ඤං වචීදණ්ඩං)** වචීදණ්ඩ කියන්නේ වෙනින් එකක්ද? **(අඤ්ඤං මනෝදණ්ඩං)** මනෝදණ්ඩ කියන්නේ වෙනින් එකක්ද?" එතකොට දීඝතපස්සී කියනවා "ඇවැත් ගෞතමයෙනි, කායදණ්ඩය කියන්නේ වෙනින් එකක්, වචීදණ්ඩය කියන්නේ වෙනින් එකක්, මනෝදණ්ඩය කියන්නේ වෙනින් එකක්."

ඊට පස්සේ බුදුරජාණන් වහන්සේ අහනවා "එතකොට තපස්සී, නිගණ්ඨනාතපුත්‍ර ගොඩාක් බරපතලයි කියලා **(මහාසාවජ්ජතරං)** පෙන්නන්නේ මේ දණ්ඩ තුනෙන් මොකක් ගැනද? කායදණ්ඩය ගැන ද, වචීදණ්ඩය ගැන ද, මනෝදණ්ඩය ගැන ද?" "ඇවැත් ගෞතමයෙනි, මේ දණ්ඩ තුනෙන් බරපතල එක හැටියට නිගණ්ඨනාතපුත්‍ර පනවන්නේ කායදණ්ඩය (කයින් කරන දේ) යි. ඒ විදිහට බරපතලයි කියා වචී දණ්ඩය පණවන්නෙ නෑ. මනෝ දණ්ඩය පණවන්නෙත් නෑ" කිව්වා. එතකොට බුදුරජාණන් වහන්සේ අහනවා දීඝතපස්සීගෙන් **(කායදණ්ඩන්ති තපස්සී වදේසි)** "තපස්සී, කායදණ්ඩ ම යි කියලද කියන්නේ?" **(කායදණ්ඩන්ති ආවුසෝ ගෝතම වදාමි)** "ඇවැත් ගෞතමයෙනි, මං

කියන්නේ කායදණ්ඩය කියලයි." එතකොට බුදුරජාණන් වහන්සේ ආයෙමත් අහනවා "තපස්සී, කායදණ්ඩ ම යි කියලද කියන්නේ?" "ඔව් කායදණ්ඩ තමයි." තුන්වෙනි පාරත් අහනවා. තුන්වෙනි පාරත් කායදණ්ඩය ම යි කියනවා. මේකේ සඳහන් වෙනවා **(ඉතිහ භගවා දීඝතපස්සිං නිගණ්ඨං ඉමස්මිං කථාවත්ථුස්මිං යාවතතියකං පතිට්ඨාපේසි)** මෙසේ භාග්‍යවතුන් වහන්සේ දීඝතපස්සී නිගණ්ඨයාව මේ වාද කතාවේ තුන්වතාවක් පිහිටෙව්වා කියලා.

කර්ම කියලයි පනවන්නේ....

ඊට පස්සේ දීඝතපස්සීත් අහනවා බුදුරජාණන් වහන්සේගෙන් **(ත්වං පනාවුසෝ ගෝතම කති දණ්ඩානි පඤ්ඤාපේසි පාපස්ස කම්මස්ස කිරියාය)** "ඇවැත් ගෞතමයෙනි, තමුන්නාන්සේ පව්කම් කිරීමට දණ්ඩ කීයක් පණවනවාද?" **(න ඛෝ තපස්සී ආචිණ්ණං තථාගතස්ස දණ්ඩං දණ්ඩන්ති පඤ්ඤාපේතුං)** "තපස්සී, ඔය දණ්ඩ කතාව තථාගතයන්ට නම් අල්ලන්නේ නෑ. **(කම්මං කම්මන්ති ඛෝ තපස්සී ආචිණ්ණං තථාගතස්ස පඤ්ඤාපේතුං)** කර්මය කර්මය කියන එක තමයි තථාගතයන්ගේ ව්‍යවහාරයේ තියෙන්නේ."

එතකොට දීඝතපස්සී අහනවා "හරි එහෙනම් ඇවැත් ගෞතමයෙනි, ඔබ පාප කර්මයන් කිරීම පිළිබඳව, පාප කර්මයන්ගේ පැවැත්ම පිළිබඳව කර්ම කීයක් පණවනවා ද?" **(තීණි ඛෝ අහං තපස්සී කම්මානි පඤ්ඤාපේමි)** "තපස්සී, මම කර්ම තුනක් පණවනවා පව් රැස්වීම සම්බන්ධයෙන්. **(කායකම්මං වචීකම්මං මනෝකම්මන්ති)** ඒ තමයි කායකර්ම, වචීකර්ම, මනෝකර්ම." "එතකොට

ඇවැත් ගෞතමයෙනි, කායකර්ම වෙන එකක් ද, වචීකර්ම වෙන එකක් ද, මනෝකර්ම වෙන එකක් ද?" "තපස්සී, කායකර්ම වෙනින් එකක්. වචීකර්ම වෙනින් එකක්. මනෝකර්ම වෙනින් එකක්."

මනෝ කර්මය තමයි බරපතල....

"එතකොට භවත් ගෞතමයෙනි, මේ කර්ම තුන ඔය විදිහට විග්‍රහ කරද්දී මේකෙන් මහා බරපතල ම කර්මය හැටියට පනවන්නේ මොකක්ද? **(යදි වා කායකම්මං, යදි වා වචීකම්මං, යදි වා මනෝකම්මං)** කායකර්මය ද, වචීකර්මය ද, මනෝකර්මය ද?" කියලා ඇහුවා. එතකොට බුදුරජාණන් වහන්සේ වදාළා **(ඒවං පටිවිභත්තානං ඒවං පටිවිසිට්ඨානං මනෝකම්මං මහාසාවජ්ජතරං පඤ්ඤපේමි. නෝ තථා කායකම්මං නෝ තථා වචීකම්මං)** "තපස්සී, මේ විග්‍රහ කරපු තුන් වැදෑරුම් කර්මයන්ගෙන් මං බරපතල කර්මය හැටියට පනවන්නේ මනෝ කර්මයයි. ඒ විදිහට බරපතලයි කියලා කාය කර්මය පණවන්නෙ නෑ. වචී කර්මය පණවන්නෙත් නෑ."

එතකොට දීඝතපස්සී අහනවා **(මනෝ කම්මන්ති ආවුසෝ ගෝතම වදේසි)** "මනෝ කර්මය කියලද ගෞතමයනි, කියන්නේ?" **(මනෝකම්මන්ති තපස්සී වදාමි)** "මනෝ කර්මය කියලයි තපස්සී මම කියන්නේ." ආයෙත් ඇහුවා "මනෝ කර්මය කියලද ගෞතමයනි, කියන්නේ?" "ඔව්... මං මනෝ කර්මය කියලයි කියන්නේ." තුන්වෙනි වතාවටත් ඇහුවා "ආයුෂ්මත් ගෞතමයෙනි, මනෝ කර්මය කියලද කියන්නේ?" "තපස්සී, මනෝ කර්මය කියල ම යි මං කියන්නේ." මේ විදිහට දීඝතපස්සී

නිගණ්ඨයා භාග්‍යවතුන් වහන්සේව මේ වාද කතාවේ තුන්වරක් ගිවිසෙව්වා, පිහිටෙව්වා. ඊට පස්සේ මහා හපන්කමක් කොළා වගේ නැගිටලා ගියා. දීඝතපස්සී දන්නේ නෑ මොකක්ද දැන් මේ වෙන්ට යන්නේ කියලා. බුදුරජාණන් වහන්සේ දන්නවා මේ සිද්ධි මාලාව මේ විදිහට තමයි මෙතනින් එහාට සිද්ධ වෙන්නේ කියලා.

නිගණ්ඨ නාතපුත්තගේ ප්‍රධාන දායකයා....

ඒ වෙලාවේ නිගණ්ඨ නාතපුත්‍ර උපාලි කියන සිටුවරයා ප්‍රධාන කොට, 'බාලකලෝණකාර' ගම්වාසී මහත් වූ ගිහි පිරිසක් සමඟ වාඩි වෙලා හිටියා. ඒ කියන්නේ එදා බාලකලෝණකාර ගමේ වාසය කරපු මිනිස්සු උපාලි සිටුතුමාව මුණගැහෙන්න ආවා පඬුරු පාක්කුඩං අරගෙන. ආවට පස්සේ උපාලි සිටුතුමා කිව්වා 'හරි... එහෙනම් අපි මේ තෑගි භෝගත් අරගෙන අපේ නිගණ්ඨනාතපුත්‍රයන් බැහැදකින්ට යමු' කියලා උපාලි අර පිරිසත් එක්ක ගියා. ගිහිල්ලා නිගණ්ඨනාතපුත්‍රට තෑගි භෝග දීලා පිරිසත් එක්ක දැන් වටේට වාඩිවෙලා ඉන්නවා.

ඔය වෙලාවේ නිගණ්ඨ නාතපුත්ත දැක්කා දීඝතපස්සී ඈත ඉඳලා එනවා. දැකලා අහනවා **(හන්ද කුතෝ නු ත්වං තපස්සි ආගච්ඡසි දිවා දිවස්සාති)** "තපස්සී, ඔහේ කොහේ ඉඳන්දෑ මේ මහ දහවල් එන්නේ?" ඉතින් කියනවා "ස්වාමීනි, මං ශ්‍රමණ භවත් ගෞතමයන් ළඟ ඉඳලයි මේ දැන් ආවේ." **(අහු පන තේ තපස්සී සමණේන ගෝතමේන සද්ධිං කෝචිදේව කථා සල්ලාපෝති)** "තපස්සී, ශ්‍රමණ ගෞතමයන් සමඟ ඔබේ මොකුත් කතා සල්ලාපයක් එහෙම වුනේ නැද්ද?"

"ස්වාමීනී, ශ්‍රමණ ගෞතමයන් සමග මගේ කිසියම් කතා සල්ලාපයක් නම් වුනා තමයි." "තපස්සී, මොකක්ද ඒ වෙච්ච කතා සල්ලාපය?" එතකොට මේ වෙච්ච සිද්ධිය ඔක්කෝම දීඝතපස්සී නිගණ්ඨනාතපුත්‍රට අර පිරිස මැද්දේ කිව්වා.

ශාස්තෘ ශාසනය දන්නා ශ්‍රැතවත් ශ්‍රාවකයෙක්....

කියනකොට නිගණ්ඨ නාතපුත්‍ර මොකද කළේ, සාදුකාර දුන්නා. "සාධු සාධු තපස්සී. **(යථා තං සුතවතා සාවකේන සම්මදේව සත්ථු සාසනං ආජානන්තේන)** "තපස්සී, හරියට හරි ඔහේ. ශාස්තෘ ශාසනය දැන කියා ගත්තු ශ්‍රැතවත් ශ්‍රාවකයෙක් කළයුතු වැඩේ කරලා තියෙනවා. ශ්‍රමණ ගෞතමයන්ට හොඳ උත්තරයක් දීලා තියෙනවා. බලන්න ඒගොල්ලොත් පාවිච්චි කරනවා මේ ශ්‍රැතවත් ශ්‍රාවකයා කියන වචනය. **(කිං හි සෝභති ඡවෝ මනෝදණ්ඩෝ ඉමස්ස ඒවං ඕළාරිකස්ස කායදණ්ඩස්ස උපනිධාය)** මේ ළාමක මනෝ දණ්ඩය (මනෝ කර්මය) මෙච්චර විශාල, ගොරෝසු කායදණ්ඩයක් ඉස්සරහා මොනතරම් ළාමක දෙයක් ද" කියනවා.

මේකෙන් තේරෙනවා නිගණ්ඨ නාතපුත්‍රට මේ මනස ගැන කිසි දැනුමක් නෑ. නිගණ්ඨ නාතපුත්‍ර පිළිගත්තේ නෑ විතක්ක විචාර රහිත ධ්‍යානයක් තියෙනවා කියලා. දෙවන ධ්‍යානයක් ගැන දන්නෙවත් නෑ. ඊළඟට කියනවා **(අථ ඛෝ කායදණ්ඩෝව මහාසාවජ්ජතරෝ)** "සැබැවින් ම කායදණ්ඩය ම යි බරපතල. වචීදණ්ඩ මනෝදණ්ඩ කියන දෙක නෙමෙයි." මෙහෙම කියනකොට නිගණ්ඨ නාතපුත්‍රගේ ප්‍රධාන දායකයා, උපාලි සිටුතුමා කියනවා

"**සාධු සාධු භන්තේ තපස්සී** ස්වාමීනී, බොහොම අගෙයි. ශ්‍රමණ ගෞතමයන්ට උත්තර දීපු හැටි නම් යසයි. ශාස්තෘ ශාසනය දැනගත්තු ශ්‍රැතවත් ශ්‍රාවකයෙක් කරන්න ඕන වැඩේ තමයි කරලා තියෙන්නේ. මේ ළාමක මනෝදණ්ඩය මොකක්ද, මේ බරපතල කායදණ්ඩයක් පැහැදිලිව පෙනෙද්දී. වචීදණ්ඩ, මනෝදණ්ඩ වැඩක් නැහැ නොවැ. මේකේ කායදණ්ඩනේ බරපතල" කියලා කියනවා.

ශ්‍රාවකයන්ගේ ආධ්‍යාත්මික බලය....

දැන් බලන්න එතකොට බුදුරජාණන් වහන්සේගේ කාලේ ආගම් අතර කොච්චර තරඟයක් තිබිලා තියෙනවාද. ඒ තරඟය මැද්දේ හෙල්ලුං නොකා ඉන්න බුදුරජාණන් වහන්සේගේ ශ්‍රාවකයන්ට කොච්චර ආධ්‍යාත්මික බලයක් තියෙන්න ඇද්ද ඒ කාලේ. පෙන්දෝ වගේ හිටියේ නෑ. ඊළඟට කියනවා (**හන්ද චාහං භන්තේ ගච්ඡාමි සමණස්ස ගෝතමස්ස ඉමස්මිං කතාවත්ථුස්මිං වාදං ආරෝපෙස්සාමි**) "ඒ නිසා ස්වාමීනී, ශ්‍රමණගෞතමයන් ළඟට ගිහින් මේ කාරණය ගැන ම මං වාද කරනවා" කියනවා. ඔන්න දැන් බුදුරජාණන් වහන්සේගේ අදහස ඉෂ්ට වෙන්නයි යන්නේ.

(**සචේ මේ සමණෝ ගෝතමෝ තථා පතිට්ඨිස්සති යථා භදන්තේන තපස්සිනා පතිට්ඨාපිතං**) "ඉදින් ශ්‍රමණ ගෞතමයන් මේ භදන්ත දීඝතපස්සීන් විසින් පිහිටවපු ඔය වාදයේ ඔය විදිහටම ඉන්නවා නම්, (මොකේද දීඝතපස්සී පිහිටෙව්වේ? තුන්පාරක් ඇහුවනේ ඇවැත් ගෞතමයෙනි, මනෝදණ්ඩය ද බරපතල කියලා. ඒකේ තුන්පාරක් පිහිටෙව්වා. බුදුරජාණන් වහන්සේ දීඝතපස්සී පිහිටෙව්වේ මොකේද? කායදණ්ඩයේ) ශ්‍රමණ

ගෞතමයන් මනෝදණ්ඩය ම නම් බරපතලයි කියන්නේ, ස්වාමීනී, බලන්ට මං ගොහින් කරන වැඩේ. දිගලොම් තියෙන එළුනාම්බෙක් ඒ ලොම්වලින් අල්ලගෙන එහාට මෙහාට පද්දලා පද්දලා කරකවලා වීසි කරන්නැහේ මං වාදකතාවෙන් ශ්‍රමණගෞතමයන්ව එහාට මෙහාට පද්දලා පද්දලා වීසිකරනවා.

උපාලිගේ පම්පෝරිය....

ඒ වගේම ස්වාමීනී, රා පෙරන මිනිස්සු රා හදන්න ඒ කාලේ ගන්න ධාන්‍ය වර්ග අඹරලා වේලලා පැදුරුවල දානවා. ඒ රා පිටි දාන පැදුර දෙපැත්තෙන් අල්ලගෙන එහාට මෙහාට ගසනවා වගේ, මං ශ්‍රමණ ගෞතමයන්ව ගසාලා දානවා. ඒ වගේ ම ස්වාමීනී, සුරා පෙරන ධූර්තයෝ සුරා පෙරන ලොකු පෙරහන එහාට මෙහාට උඩ යට මාරු කරලා ගසනවා වගේ මං ශ්‍රමණ ගෞතමයන් ව ගසාලා දාන හැටි බලන්න. ස්වාමීනී, අවුරුදු හැටක් වයසැති මහා හස්ති රාජයා ගැඹුරු විලකට බැහැලා ඒ විලේ සැනදොවුන් කෙළිය කියලා ජල ක්‍රීඩාවක් කරනවා. සම්පූර්ණයෙන් ම විලේ තියෙන මල් - කොළ - දළු පොඩිපට්ටම් කරනවා. ඒ වගේ ජල ක්‍රීඩා කරන්නැහේ මම ශ්‍රමණගෞතමයන් ගාවට ගිහිල්ලා වාද ක්‍රීඩාවක් කරනවා.

ශ්‍රමණ ගෞතමයන් මායාකාරයෙක්....

එතකොට නිගණ්ඨ නාතපුත්‍ර කියනවා **(ගච්ඡ ත්වං ගහපති)** "ගෘහපතිය, ඔබ යන්න. ශ්‍රමණගෞතමයන් ළඟට ගිහින් මේ කාරණය සම්බන්ධයෙන් වාද කරන්න. ශ්‍රමණගෞතමයන් සමග වාද කරන්ට නම් එක්කෝ මම

වෙන්ට ඕනෑ, එහෙම නැත්නම් අපේ මේ දීඝතපස්සී වෙන්ට ඕනෑ, එහෙම නැත්නම් ඔහේ. ඒ නිසා භය නැතුව යන්න" කියනවා. නිගණ්ඨ නාතපුත්‍ර බුදුරජාණන් වහන්සේව දැකලවත් නැතුවයි දැන් මෙහෙම කියන්නේ. මෙහෙම කිව්වහම දීඝතපස්සී කියනවා නිගණ්ඨ නාතපුත්‍රට **(න ඛෝ මේතං භන්තේ රුච්චති යං උපාලි ගහපති සමණස්ස ගෝතමස්ස වාදං ආරෝපෙය්‍ය)** "ස්වාමීනී, ශ්‍රමණ ගෞතමයන් ගාවට මුන්දැව යවන එකට නම් මගේ කැමැත්තක් නෑ. **(සමණෝ හි භන්තේ ගෝතමෝ මායාවී)** ස්වාමීනී, ශ්‍රමණ ගෞතමයෝ විජ්ජාකාරයෙක්. **(ආවට්ටනිං මායං ජානාති)** කරකවලා ගන්න සෙල්ලම දන්නවා. **(යාය අඤ්ඤතිත්ථියානං සාවකේ ආවට්ටේති)** ඒකෙන් තමයි අන්‍ය තීර්ථක ශ්‍රාවකයෝ ඔක්කොම කරකවලා තමන් ළඟට ගන්නේ."

ශ්‍රමණ ගෞතමයන් උපාලිගේ ශ්‍රාවකයෙක් වේවි....

මොකද දැන් දීඝතපස්සී එතනට ගිහිල්ලා තියෙනවනේ. භාග්‍යවතුන් වහන්සේව දැකලා තියෙනවා. ඒ ඒ අවස්ථාවල සිද්ධ වෙච්ච දේවල් දැකලා තියෙනවා. භාග්‍යවතුන් වහන්සේ ළඟට වාද කරන්න එන ඔක්කොම තමන්ගේ ශ්‍රාවකත්වය අතහැරලා භාග්‍යවතුන් වහන්සේගේ ශ්‍රාවකයෝ වෙන හැටි දැකලත් තියෙනවා, අහලත් තියෙනවා. ඒ නිසා එයා හිතුවේ මේ ඔක්කෝම ඇදලා ගන්නේ මැජික්වලින් කියලයි. එතකොට නිගණ්ඨ නාතපුත්‍ර කියනවා **(අට්ඨානං ඛෝ ඒතං තපස්සී අනවකාසෝ)** "නෑ නෑ... තපස්සී, ඒක වෙන්න බැරි දෙයක්. ශ්‍රමණ ගෞතමයන් මේ අපේ උපාලිගේ

ශ්‍රාවකයෙක් වෙනවා කියන එක නම් වෙන්න පුළුවන්. ඒ නිසා ගෘහපතිය, ඔබ යන්න. ගිහින් ශ්‍රමණ ගෞතමයන් එක්ක වාද කරන්න.

දෙවෙනි වතාවටත් දීඝතපස්සී කියනවා "අනේ ස්වාමීනී, මම නම් මේ වැඩේට කොහෙත්ම කැමති නෑ. මෙයාව යවන්ට එපා. මුන්දෑ ගියොත් ශ්‍රමණ ගෞතමයන්ගේ මායාවට අහුවේවි." දෙවැනි වතාවෙත් නිගණ්ඨනාතපුත්ත ඇහුවේ නෑ. තුන්වෙනි වතාවේ ආයෙමත් කියනවා "ස්වාමීනී, මං මේ වැඩේට කැමති නෑ. මේ උපාලිව ශ්‍රමණ ගෞතමයන් ගාවට යවන්ට එපා. ගියොත් අමාරුවේ වැටෙනවා. ශ්‍රමණ ගෞතමයෝ මායාකාරයෙක්. ඒ නිසා ඇදලා ගනීවි." එතකොට නිගණ්ඨ නාතපුත්ත ආයෙ කියනවා "නෑ... නෑ... කොහේ වෙන්ටද, එහෙම දෙයක් වෙන්නේ නෑ. වැඩිම වුනොත් උපාලිගේ ශ්‍රාවකයෙක් වේවි ශ්‍රමණ ගෞතමයෝ. මේ ශ්‍රමණ ගෞතමයන් එක්ක වාද කරන්න එක්කෝ මං යන්ට ඕනෑ, එහෙම නැත්නම් මේ දීඝතපස්සී යන්ට ඕනෑ, එහෙම නැත්නම් උපාලි යන්ට ඕන" කියලා කිව්වා.

භාග්‍යවතුන් වහන්සේගේ අදහස ඉටුවුනා....

ඊටපස්සේ උපාලි සිටුතුමා නිගණ්ඨ නාතපුත්‍රට වැඳලා, පැදකුණු කරලා, සම්මාන දක්වලා කෙලින්ම ගියා පාවාරික අඹවනයේ භාග්‍යවතුන් වහන්සේ වැඩසිටින තැනට. ඔන්න භාග්‍යවතුන් වහන්සේගේ අදහස ඉෂ්ට වුනා. බුදුරජාණන් වහන්සේ දැක්කා මහා කරුණාසමාපත්තියෙන් ධර්මය අවබෝධ කරන්ට පින තියෙන කෙනා. දැක්කද ලස්සනට ඒ කෙනා එන හැටි. උපාලි භාග්‍යවතුන් වහන්සේව දැක්ක ගමන් පැහැදුනා.

(භගවන්තං අභිවාදෙත්වා ඒකමන්තං නිසීදි) පැහැදිලා භාග්‍යවතුන් වහන්සේට ආදරයෙන් වන්දනා කරලා එකත්පස්ව වාඩිවුනා.

ඊට පස්සේ අහනවා "ස්වාමීනී, නිගණ්ඨ නාතපුත්‍රගේ ශ්‍රාවකයෙක් වන දීඝතපස්සී අද මේ පැත්තේ ආවාද?" "ගෘහපතිය, දීඝතපස්සී නිගණ්ඨයා නම් ආවා තමයි." "මොකවත් කතා සල්ලාපයක් වුනාද?" "මොකවත් කතා සල්ලාපයක් නම් වුනා තමයි." "ඒ මොන වගේ කතා සල්ලාපයක් ද වුනේ?" ඉතින් බුදුරජාණන් වහන්සේ ඒ වෙච්ච කතාබහ ඔක්කොම කිව්වා මේන් මෙහෙමයි වුනේ කියලා. එතකොට උපාලි කියනවා "සාධු සාධු ස්වාමීනී, බොහෝම අගෙයි ඒ කතාව. ශාස්තෘ ශාසනය දන්න ශ්‍රැතවත් ශ්‍රාවකයෙක් හරි විදිහට උත්තර දීමේ රටාව තමයි අපේ ඔය දීඝතපස්සී කොළේ. ඒ දීඝතපස්සිගේ උත්තරේ හරි. මෙච්චර ගොරෝසු කායදණ්ඩයක් තියෙද්දී මේ ළාමක මනෝදණ්ඩය බරපතල එකක් යැයි කියලා පනවන්නේ කොහොමද? වචීදණ්ඩය කායදණ්ඩය තරම් බරපතල නෑ. මනෝදණ්ඩය කායදණ්ඩය තරම් බරපතල නෑ.

මේ කථාව ඉදිරියට ගෙනියමු....

එතකොට බුදුරජාණන් වහන්සේ වදාළා **(සචේ ඛෝ ත්වං ගහපති සච්චේ පතිට්ඨාය මන්තෙය්‍යාසි)** "එහෙනම් ගෘහපතිය, ඔබ සත්‍යයේ පිහිටලා කතා කරනවා නම් **(සියා නෝ එත්ථ කථාසල්ලාපෝ)** අපේ මේ සාකච්ඡාව ඉස්සරහට ගෙනියමු." **(සච්චේ අහං භන්තේ පතිට්ඨාය මන්තෙස්සාමි. හෝතු නෝ එත්ථ කථාසල්ලාපෝ)** "ස්වාමීනී, මං සත්‍යයේ පිහිටලා කතා කරනවා. මේ

කතාව ඉස්සරහට ගෙනියමු."

එතකොට භාග්‍යවතුන් වහන්සේ අහනවා උපාලි සිටුතුමාගෙන් (**ඉධස්ස නිගණ්ඨෝ ආබාධිකෝ දුක්ඛිතෝ බාළ්හගිලානෝ සීතෝදකපටික්ඛිත්තෝ උණ්හෝදකපටිසේවී**) "ගෘහපතිය, නිගණ්ඨයෙක් ඉන්ට පුළුවන් ලෙඩ වෙලා, දැඩිසේ ගිලන් වෙලා. සීතජලයේ ප්‍රාණීන් ඉන්නවා කියලයි නිගණ්ඨනාතපුත්‍ර කියන්නේ. ඒ නිසා ඔහු සීතල ජලය පානය කිරීමෙන් වැළකිලයි ඉන්නේ. එයා පරිහරණය කරන්නේ උණුවතුර. එයාට ඇල්වතුර බොන්නයි ආසාව තියෙන්නේ. නමුත් ඇල්වතුර බොන්ට තහනම්. (**සෝ සීතෝදකං අලභමානෝ කාලං කරෙය්‍ය**) එයා මැරෙන්නේ සීතල වතුර බොන්ට නැති නිසා. (**ඉමස්ස පන ගහපති නිගණ්ඨෝ නාතපුත්තෝ කත්ථූපපත්තිං පඤ්ඤාපේති**) ගෘහපතිය, එයා මැරුණට පස්සේ උපදින්නේ කොහේ කියලද නිගණ්ඨ නාතපුත්‍ර කියන්නේ?"

මනෝසත්ත දෙවියන් අතර උපදිනවා....

මේ කියාපු කාරණේ හොඳට තේරුම් ගන්න. නිගණ්ඨයෙක් ඉන්නවා රෝග පීඩා වැළඳිච්ච. ඒ රෝගෙට පත්තියං වෙන්නේ ඇල්වතුර. නමුත් ඇල්වතුර බොන්ට තහනම්. බොන්නේ උණුවතුර. උණුවතුර බිබී ඉද්දී රෝගය උත්සන්න වෙනවා. දැන් මෙයාට කැමැත්ත තියෙන්නේ ඇල්වතුර බොන්ටයි. නමුත් බොන්ට වෙලා තියෙන්නේ උණුවතුර. ඒ හේතුව නිසා මෙයා මැරෙනවා. මැරුණාම උපදිනවා කියලා තියෙන්නේ කොහේදැයි කියලා ඇහුවා. එතකොට උපාලි කියනවා (**අත්ථි භන්තේ මනෝසත්තා නාම දේවා. තත්ථ සෝ උප්පජ්ජති**)

"ස්වාමීනී, මනෝසත්ත (ඇලුනු සිත් ඇති) නම් වූ දෙවිවරු ඉන්න දිව්‍යලෝකයක් තියෙනවා. එහේ තමයි ඔහු උපදින්නේ. ඒකට හේතුව මොකක්ද? **(අසු හි භන්තේ මනෝපටිබද්ධෝ කාලං කරෝති)** ස්වාමීනී, එයාගේ සිත යම්කිසි දේකට බැඳිලා මැරුණ නිසයි" කියනවා.

එහෙම පිටින් ම වාදය සුන්....

එතකොට බුදුරජාණන් වහන්සේ වදාළා **(ගහපති ගහපති, මනසිකරිත්වා ඛෝ ගහපති බ්‍යාකරෝහි)** "ගෘහපතිය... ගෘහපතිය... හොඳට සිහියෙන් කතා කරන්න. ඔබ කලින් කියාපු එකත් එක්ක දැන් මේ කියන කතාව ගැලපෙන්නේ නෑ. දැන් කියන එක කලින් කියාපු එකත් එක්ක ගැලපෙන්නේ නෑ. ගෘහපතිය, ඔබ කලින් කිව්වා නේද ඇත්තේ පිහිටලා කතා කරනවා කියලා?" ඇයි දැන් මනසනේ මේ ප්‍රධාන වෙන්න යන්නේ. මනස ප්‍රතිබද්ධවයි එයා මැරිලා තියෙන්නේ. මනස බලාපොරොත්තුවෙන් ඉඳලා තියෙන්නේ ඇල්වතුර. ඇල්වතුර බොන්ටයි හිත බැඳිලා තියෙන්නේ. ඒ නිසා මනෝප්‍රතිබද්ධයි.

නුවණැත්තා වහා තේරුම් ගන්නවා....

මේ කතාව කියපු ගමන් උපාලිට තේරුණා 'බුදුරජාණන් වහන්සේ හරි. නිගණ්ඨනාතපුත්‍ර ළඟ ලොකු අවුලක තමයි මම මෙතෙක් කල් ඉඳලා තියෙන්නේ' කියලා. ඒ වුනාට දැන් උපාලිට ආසාව භාග්‍යවතුන් වහන්සේගෙන් තව විස්තර අහන්ට. ඒ නිසා කියනවා **(කිඤ්චාපි භන්තේ භගවා ඒවමාහ)** "භාග්‍යවතුන් වහන්සේ ඔහොම කිව්වාට **(කායදණ්ඩෝව මහාසාවජ්ජතරෝ)** කායදණ්ඩ ම යි බරපතල" කියලා. දැන් මේ කායදණ්ඩ

ම යි බරපතල කියන්නේ මොකේටද? තව විස්තර අහන්න ආසාවෙන්. මේ බලන්න බුදුරජාණන් වහන්සේට කොච්චර දැනුමක් තියෙනවද කියලා නිගණ්ඨ ධර්මය ගැන.

ඊළඟට උන්වහන්සේ අහනවා (**ඉධස්ස නිගණ්ඨෝ චාතුයාමසංවරසංවුතෝ**) "ගෘහපතිය, සිව්යාම සංවරයෙන් සංවර වූ නිගණ්ඨයෙක් ඉන්නවා. (සතුන් මැරීමෙන් වැළකීම, සොරකමින් වැළකීම, බොරුවෙන් වැළකීම, පංචකාමයෙන් වැළකීම කියන මේ හතරට කියනවා චාතුයාම සංවරය කියලා) (**සබ්බවාරිවාරිතෝ**) සියලු ඇල්පැන් පරිහරණයෙන් වැළකුණු (**සබ්බවාරියුතෝ**) සියලු පවෙන් වැළකුණු (**සබ්බවාරිධුතෝ**) සියලු පව් පිඹහළ, (**සබ්බවාරිඵුටෝ**) සියලු පව් නැති කිරීම ස්පර්ශ කළ නිගණ්ඨයෙක් ඉන්නවා.

උත්සවයක් තියලා අමුඩෙ ගලවනවා....

මේ කියන්නේ නිගණ්ඨනාතපුත්‍රගේ ධර්මයට අයත් ශ්‍රාවකයන් ගැන. ඒ ශ්‍රාවකයන්ට කෛවල්‍ය පදාර්ථය ස්පර්ශ කළා (පිරිපුන් තැනට පත්වුනා) කියලා උගන්වනවා. ඒගොල්ලෝ ඒකෙන් නිවනට පත්වුනා වගේ අදහසක් තමයි විස්තර කරන්නේ. ඒකේ එක එක ස්ටෙප්ස්වලටයි පුද්ගලයා යවන්නේ. ඉස්සෙල්ලාම බ්‍රහ්මචාරී කරලා, සුදු වස්ත්‍රයක් ඇඳගෙන සුදු වස්ත්‍රයක් පොරවන්ට දෙනවා. ඒක තමයි පළවෙනි එක ඒගොල්ලන්ගේ ට්‍රේනින් එකේ. ඊට පස්සේ පොරවන සුදු වස්ත්‍රය අයින් කරලා සුදු අමුඩය දෙනවා. ඊට පස්සේ හොඳට පුරුදු වුනාට පස්සේ උත්සවයක් තියලා අමුඩේ ගලවනවා. ඊට පස්සේ නිගණ්ඨ. එහෙම තමයි අදටත් ඉන්දියාවේ කරන්නේ.

(සෝ අභික්කමන්තෝ පටික්කමන්තෝ බහූ ඛුද්දකේ පාණේ සංඝාතං ආපාදේති) ඉතින් මෙබඳු ගතිගුණවලින් යුක්ත ඒ නිගණ්ඨයා එහාට මෙහාට ඇවිදිද්දී පුංචි සත්තු මැරෙනවා. ගෘහපතිය, නිගණ්ඨනාතපුත්‍ර ඒකේ විපාක හැටියට පනවන්නේ මොකක්ද?" කියලා අහනවා. **(අසඤ්චේතනිකං භන්තේ නිගණ්ඨෝ නාතපුත්තෝ නෝ මහාසාවජ්ජං පඤ්ඤාපේති)** "චේතනාවක් නැති නිසා නිගණ්ඨ නාතපුත්‍ර ඒක මහා බරපතලයි කියලා පනවන්නේ නෑ" කියනවා. **(සචේ පන ගහපති චේතේති)** "එතකොට ගෘහපතිය, චේතනාව පහළ කරනවා නම්...?" "එහෙනම් ඒක බරපතලයි ස්වාමීනී" කියනවා.

චේතනාව අයිති මොන දණ්ඩයට ද...?

"ගෘහපතිය, නිගණ්ඨනාතපුත්‍ර චේතනාව දාලා තියෙන්නේ මොන දණ්ඩෙටද? කායදණ්ඩයට ද, වචීදණ්ඩයට ද, මනෝදණ්ඩයට ද?" "ස්වාමීනී, මනෝදණ්ඩයට දාලා තියෙන්නේ" කියනවා. බුදුරජාණන් වහන්සේ කියනවා "ගෘහපතිය, හොඳට සිහියෙන් කතා කරන්න. ඔබ කලින් කියාපු එක දැන් කියන එකට ගැලපෙන්නේ නෑ. දැන් කියන එක කලින් කියපු එකට ගැලපෙන්නේ නෑ. ඔබ කිව්වා නේද ඇත්තේ පිහිටලා කතා කරනවාය කියලා?" එතකොට ආයෙමත් උපාලි කියනවා "අනේ ස්වාමීනී, ඔබවහන්සේ කොහොම කිව්වත් කායදණ්ඩය ම යි බරපතල" කියලා. දැන් මේ උපාලි ආයෙ ආයෙමත් මේක කියන්නේ තව විස්තර අහන්ට ආසාවෙනුයි. මේ කාරණය මෙයාට පැහැදිලා ඉවරයි දැන්. මේ කාලේ මිනිහෙකුට නම් එකක් කිව්වොත් ඒකට විරුද්ධව දහයක් දේ කියනවා. හිත ඇතුලේ කහට තියෙන මනුස්සයාට කොච්චර පැහැදිලි කළත් තේරුම් ගන්නේ නෑ.

පින් මදි සාපය....

ඒක වර්තමාන මනුස්සයාගේ තියෙන පින් මදි සාපය. ඒකට කියන්න වෙන වචනයක් නෑ. පින් මදිකම ජීවිතේට සාපයක්. ඒ නිසා පුද්ගලයා අවංක වෙන්නේ නෑ. මොකක්හරි හිතෙන් හදාගත්තු පටලැවිල්ලක හිරවෙලා ඉන්නවා කොඩි දෙකක් උස්සගෙන. එක කොඩියක් තමයි මාන්නය. අනිත් කොඩිය තමයි බොළඳකම. මාන්නයයි බොළඳකමයි කියන කොඩි දෙක උස්සගෙනයි වත්මන් මිනිසා ඉන්නේ. ඔය කොඩි දෙක පහලට වැටෙන්නේ නෑ. මේ උපාලි ගෘහපතියා ඒ ජාතියේ කෙනෙක් නෙවෙයි. එයාට තිබුණේ නොදැනුවත්කම. දැනුවත් වෙච්ච ගමන් හරි ගියා.

ඊට පස්සේ බුදුරජාණන් වහන්සේ අහනවා "ගෘහපතිය, දැන් බලන්න මේ නාලන්දාව මොනතරම් දියුණු ද, ධනවත් ද, මොනතරම් මිනිස්සු ඉන්නවා ද. ගෘහපතිය, මේ ගැන ඔබ මොකද සිතන්නේ? කඩුවක් ඔසවගත්තු පුරුෂයෙක් ඇවිල්ලා මෙහෙම කියනවා. 'මේ නාලන්දාවේ යම්තාක් ප්‍රාණීන් ඉන්නවා ද, මං එක මොහොතකින් ඒ සියලු දෙනා ම එක ම මස් ගොඩක් බවට පත් කරනවා' කියලා. ගෘහපතිය, හැබෑවට ම ඔහුට ඒක කරන්න පුළුවන් ද?" එතකොට උපාලි කියනවා "ස්වාමීනී, එක මනුස්සයෙක් නෙවෙයි, මිනිස්සු දහයක් පහළොවක් හතළිහක් පනහක් ආවත් මේ නාලන්දාවේ ඉන්න මිනිස්සු මරලා ඉවරයක් කරන්න බෑ" කියනවා.

එක මොහොතින් සියල්ල අළු....

ඊට පස්සේ බුදුරජාණන් වහන්සේ අහනවා "ගෘහපතිය, චිත්ත වශී භාවයට පත්, ඉර්ධිමත් ශ්‍රමණයෙක්

හරි බ්‍රාහ්මණයෙක් හරි එනවා. එයා කියනවා 'මං මේ නාලන්දාව මනසින් කරන එක ම සාපයකින් අළු බවට පත් කරනවා' කියලා. ගෘහපතිය, මේ ගැන ඔබ කුමක්ද සිතන්නේ? ඔහුට එක ම සාපයකින් මේ මුළු නාලන්දාව ම භෂ්ම කරන්නට, අළු බවට පත් කරන්නට පුළුවන් ද?" "ස්වාමීනී, එක නාලන්දාවක් නෙමෙයි, මේ ජාතියේ ඒවා හතළිහක් පනහක් වුනත් අළු කරයි. එබඳු කෙනෙකුට මේ නාලන්දාව කියන්නේ මොකක්ද....' කියලා අහනවා.

එතකොට බුදුරජාණන් වහන්සේ ආයෙමත් කියනවා "ගෘහපතිය, හොඳ කල්පනාවෙන් පිළිතුරු දෙන්න. (දැන් මේ ඔක්කෝමගෙන් ම ඉස්මතු වෙන්නේ මනෝකර්මය ප්‍රධානයි කියන එකනේ) ඔබ කලින් කියාපු එක දැන් කියාපු එකට ගැලපෙන්නේ නෑ. දැන් කියාපු එක කලින් කියාපු එකට ගැලපෙන්නේ නෑ. ඒ නිසා හොඳ සිහියෙන් කතා කරන්න" කියලා කියනවා. ඒත් මෙයා ආයෙ කියනවා "ඒ වුනාට ස්වාමීනී, කායදණ්ඩය ම යි බරපතල. මනෝදණ්ඩය නෙමෙයි" කියලා.

දණ්ඩකාරණ්‍යය හැදුන හැටි....

ඊළඟට බුදුරජාණන් වහන්සේ අහනවා "ගෘහපතිය, ඔබ අහලා තියෙනවා ද දණ්ඩකාරණ්‍යය ගැන. කාලිංගාරණ්‍යය ගැන. මෙජ්ඣාරණ්‍යය ගැන. මාතංගාරණ්‍යය ගැන. ගම් විනාශ වෙලා ආරණ්‍ය බවට පත් වූ ආකාරය ගැන?" මේ දණ්ඩකාරණ්‍යය ගැන මම පොඩි විස්තරයක් කියන්නම්. කළිඟු රටේ දණ්ඩකී කියන රජ්ජුරුවෝ රාජ්‍ය කරන කාලේ අපේ මහබෝසතාණන් වහන්සේ සරභංග නමින් තාපසයෙක් වෙලා හිටියා. මේ තාපසතුමාට ලොකු ශිෂ්‍ය පිරිසකුත් හිටියා. ඒ පිරිස

අතර හිටියා කිසවච්ඡ කියලා බොහොම කෙට්ටු ශරීරයක් තියෙන තාපස කෙනෙක්. ඒ අපේ සාරිපුත්තයන් වහන්සේ ඒ කාලේ. මේ කිසවච්ඡ තාපසයා මහා බලසම්පන්නයි. සරභංග බෝසත් තාපසතුමා පිරිස වැඩි නිසා එක එක පළාත්වලට යැව්වාම මේ කිසවච්ඡ තාපසින්නාන්සේ ඔය දණ්ඩකී කියන රජ්ජුරුවන්ගේ රාජධානියට ගියා. ගිහිල්ලා රාජඋද්‍යානයේ වාසය කරද්දි රජ්ජුරුවන්ගේ සෙන්පතියෙක් පැහැදිලා උපස්ථාන කළා.

නගරසෝභිනී තනතුර කැන්සල්....

ඔය නගරයේ හිටපු එක නගරසෝභිනියක් (වෙසඟනක්) දවසක් අශ්ව කරත්ත පන්සීයක පිරිවර සහිතව නගරය මැද්දෙන් ගියා. යනකොට පාරදෙපස මිනිස්සු ඔක්කෝම රැස්වෙලා ඇයට ස්තුති ප්‍රශංසා කළා. රජ්ජුරුවොත් ඒ වෙලාවේ මාලිගාවේ සඳළුතලයට ඇවිල්ලා බැලුවා. බලද්දී ලස්සන පෙරහරක් යනවා. ඇමතියෙක් ගෙන්නලා ඇහුවා "මොකක්ද මේ පෙරහැර...? කව්ද අර යන්නේ..?" කියලා. එතකොට කිව්වා "දේවයන් වහන්ස, ඔය යන්නේ අර අසවල් නගරසෝභිනිය" කිව්වා. එතකොට රජ්ජුරුවන්ට ඇතිවුනා ඉරිසියාවක් 'මටත් වඩා මහා බලසම්පන්න විදිහට මේකි යනවානේ' කියලා. රජ්ජුරුවෝ කිව්වා "එහෙනම් අද ඉඳලා ඒ නගරසෝභිනී ඨානාන්තරේ කැන්සල් කියාපං..." කියලා.

රාජපුරුෂයෙක් ගිහිල්ලා ගණිකාවට කිව්වා "ඔහේගේ නගරසෝභිනී ඨානාන්තරේ රජ්ජුරුවෝ කැන්සල් කළා" කියලා. කැන්සල් කළාට පස්සේ එයාගේ ගාස්තුව බහිනවා. නගරසෝභිනී මේකට උපායක් කල්පනා කරකර ඉන්න අතරේ දවසක් උද්‍යානය

අයිනෙන් යනකොට දැක්කා මේ කිසවච්ඡ තාපසතුමා ගල්තලාවක වාඩිවෙලා භාවනා කරකර ඉන්නවා. දැකලා මේ මෝඩගෑණි කල්පනා කළා 'අනේ නොදකිං මං මේ දැකපු එක... මං මේ කාලකණ්ණි කූට ජටිලයෙක්ව දැක්කා නෙව. ඉක්මණින් වතුර ඇන්න වර මට මූණ හෝද ගන්න" කිව්වා. කියලා තාපසින්නාන්සේ ගාවට ගිහිල්ලා හිටගත්තා. ඔය දැහැටි දණ්ඩත් ගෙනෙං කිව්වා. දැන් දැහැටි කකා කාර කාර කෙළ ගහනවා තාපසින්නාන්සේගේ ඔළුවට. කටත් හෝදලා ඔළුවට දැම්මා. මූණත් හේදුවා. දාලා පිටත්වෙලා ගියා.

මිසදිටු ගන්න හැටි....

ඔන්න එතකොට රජ්ජුරුවන්ට එකපාරට මතක් වුනා "අර නගරසෝභිනී දැන් කෝ..? පේන්ට නෑනේ" කියලා. "දේවයන් වහන්ස, දැන් එයා බොහොම බංකොලොත්" කියලා ඇමතියා කිව්වා. "අනේ ඒක නේන්නම්... මටත් අමතක වුනා. ආ එහෙනම් අද ඉඳලා ආයෙත් නගරසෝභිනි තනතුර දුන්නා කියාපං" කිව්වා. ගිහිල්ලා පණිවිඩේ කිව්වා "ඔබතුමියට අද ඉඳලා ආයේ නගරසෝභිනි තනතුර හම්බවුනා" කියලා. අප්පුඩියක් ගහලා "හඬේ අප්පා... මට එහෙනම් දැන් හරි ගියා නොවැ.... මට මේක වුනේ අර කූට ජටිලයාගේ ඔළුවට කාරපු නිසා" කියලා හිතුවා. ඔන්න දැක්කද මිසදිටුව ගන්න හැටි.

ටික දවසක් ගියාම පුරෝහිතයාගේ මොකක් හරි වංචාවකට රජ්ජුරුවෝ පුරෝහිතයාව අස් කළා. අස්කළාට පස්සේ පුරෝහිතයා දුවගෙන ගියා අර නගරසෝභිනිය ගාවට. "නංගියේ, මං උඹෙන් පිහිටක් හොයාගෙන ආවේ.

අර නැතිවෙච්ච නගරසෝභිනී තනතුර උඹට ආයෙමත් ලැබුනේ කොහොමෙයි?" කියලා ඇහුවා. එතකොට කිව්වා "පුරෝහිතතුමනි. කාටවත් කියන්ට එපා. මේකේ බලසම්පන්න රහසක් තියෙනවා. ආන්න ඉන්නවා මඟුල් උයනේ කූට ජටිලයෙක්. මං ඒකා ළඟට ගිහිල්ලා දැහැටි හපාලා කාරලා කෙල ගැහුවා. ඕකෙන් තමයි මට හරිගියේ. ඔහේට ජය ගන්ට ඕන නම් ඔහේත් ඒක කරන්ට" කිව්වා.

නැවතත් පුරෝහිත තනතුරට....

මේ පුද්ගලයාත් ගියා එතනට. දැන් අර තාපසින්නාන්සේ සමාධියෙන් ඉන්නවා. ගිහිල්ලා දැහැටි හපලා කාරලා කෙල ගැහුවා. කට හෝදලා ඒකත් ඔළුවට දැම්මා. දාලා පිටත් වුනා. කරුමෙට රජ්ජුරුවන්ට ආයෙ මතක් වුනා මේකාව "පුරෝහිතව මම දැක්කේ නෑනේ කීප දවසකින්...." "දේවයන් වහන්ස, ඔබ වහන්සේ අර පහකළේ..." "හා එහෙනම් කියාපං පුරෝහිත තනතුර ආයේ දුන්නා" කියලා. එතකොට පුරෝහිතටත් සම්පූර්ණයෙන් හිතට ගියේ අර තාපසින්නාන්සේට කරපු හිංසාවෙන් තමයි මේ ඵල ලැබුනේ කියලා.

ඔය අතරේ සතුරු ආක්‍රමණයක් ආවා. රජ්ජුරුවෝ ඇත්, අස්, රිය, පාබල කියන සිව්රඟ සේනා පිරිවරාගෙන යන්ට හදද්දි පුරෝහිතයා දුවගෙන ආවා. "හෝව්... හෝව් රජතුමනි, දැන්ම යන්ට එපා" කිව්වා. ඒ මොකද කියලා ඇහුවා. "ඔබවහන්සේට මේක දිනන්ට ඕනෑ ද, පරදින්ට ඕනෑ ද?" "පුරෝහිතය, පරදින ගමනක් මං යන්නේ නෑ." "දිනන්ට නම් මේකේ විශේෂ වතක් පිළිවෙතක් කරන්ට තියෙනවා" කිව්වා. මොකක්ද කියලා ඇහුවා. "රජ්ජුරුවන් වහන්ස, ආන්න අර උයනේ ඉන්නවා භාවනානුයෝගී

කුට ජටිලයෙක්. ඒකා මහා බලසම්පන්නයි. දැහැටි හපාලා ඒකගේ ඔළුවට කාරලා කෙළ ගහන්ට ඕනෑ. කට හෝදලත් දමන්ට ඕනෑ. එතකොට අපි මේ යුද්දේ දිනනවා ම යි" කිව්වා.

තාපසින්නාන්සේ මෙත් සිතින් වැඩසිටියා....

"ආ එහෙනම් වරෙල්ලා යන්ට" කියලා රාජ උද්‍යානයට ගියා. සේනාවේ සියලු දෙනාට ම නියම කළා "ඔක්කෝම පෝලිමේ වරෙන්. යුද්දෙට යන්න කලියෙන් අර ජටිලයා ගාවට ගිහිල්ලා දැහැටි හපලා කාරලා කෙළ ගහලා, කට හෝදලා ඔළුවට දාලා වරෙල්ලා" කියලා කිව්වා. දැන් පෝලිමට එනවා සෙනඟ. කිසවච්ඡ තාපසින්නාන්සේ අර ගන්දස්සාර දැහැටිවලින්, කෙළවලින් නෑවිලා ගියා. නමුත් කිසි වෙනසක් නැතුව මෙත්සිතින් ඉන්නවා. දැන් අරගොල්ලෝ ගියා සටනට. සේනාපතිනේ උපස්ථාන කරන්නේ. සේනාපතිට ආරංචි වෙලා දුවගෙන ආවා. 'අනේ මේ වෙච්ච දෙයක්' කියලා ඉක්මණට ගත්තා අත්දෙකට.

අරගෙන ගිහිල්ලා ඔක්කොම දැහැටි අයින් කරලා, සුවඳ පැන්වලින් නාවලා, ඖෂධවලින් නාවලා, බෙහෙත් ගල්වලා "අනේ ස්වාමීනී, මේ හිස් පුද්ගලයන්ට අනුකම්පා කරන්ට" කිව්වා. "මං නම් අනුකම්පායි. නමුත් මට කරන්ට දෙයක් නෑ. දේවතාවෝ තුන්කොටසකට බෙදිලා ඉන්නවා. එකකොටසක් කියනවා රජාව මරන්ට ඕනෑ කියලා. තවකොටසක් කියනවා රජාවයි ඔය දැන් ගියපු එවුන්වයි ඔක්කොම මරන්ට ඕනෑ කියලා. තවකොටසක් කියනවා මේ විජිතය ම නසන්ට ඕනෑ කියලා. මං අනුකම්පාවෙන් කියන්නේ සේනාපතිතුමනි.

එහෙනම් ගොහින් රජ්ජුරුවන්ට කියන්ට මගෙන් සමාව ගන්ට කියලා" කිව්වා.

දවස් හතක් ඇතුළත පැනගන්න....

රජ්ජුරුවෝ යුද්දේ දින්නා. ආයේ ඇවිල්ලා ජයකඳවුරු බැන්දා. සේනාපති ඉක්මණට ගියා එතනට. ගිහිල්ලා කිව්වා "රජතුමනි, බරපතල වැරැද්දක් වෙලා තියෙනවා. ඔබවහන්සේ මේ පිරිසත් එක්ක යද්දී රාජ උද්‍යානයේ ඉන්න ඉතාම බලසම්පන්න තාපසින්නාන්සේ කෙනෙකුගේ ඇඟට කාරලා කෙළ ගහලා ගිහින් තියෙනවා. උන්වහන්සේගෙන් සමාව ගත්තොත් බේරෙන්ට පුළුවන්. නැත්නම් බෑ" කියලා. "අනේ මේ... පිස්සු නැතිව ඉන්නවා ඕයි..." කියලා රජ්ජුරුවෝ සේනාපතිට කිව්වා. සේනාපති දෙවෙනි පාරත් කිව්වා, තුන්වෙනි පාරත් කිව්වා. ඇහුවේ නෑ. "එහෙනම් රජතුමනි, ඔන්න මම අද ඉඳලා මගේ සේනාපතිකමෙන් අයින් වෙනවා. මම මේ විජිතයේ ඉන්නේ නෑ, මම යනවා" කිව්වා. ඊට පස්සේ සේනාපති ආයෙත් ගියා කිසවච්ඡ තාපසතුමා ගාවට. ගිහිල්ලා විස්තරේ කිව්වා. "සෙන්පතිතුමනි, එහෙනම් අපට කරන්න දෙයක් නෑ. ඉක්මණින් දවස් හතක් ඇතුළත ගන්ට තියෙන දෙයක් අරගෙන මේ විජිතයෙන් පැන ගන්න" කිව්වා.

මුළු රට ම වනාන්තරයක් වුනා....

එතකොට සේනාපති පවුලේ අයත් එක්ක ගන්න තියෙන දේවල් ඔක්කොම අරගෙන, කරත්තවල පටවගෙන වෙන රටකට ගියා. තාපසින්නාන්සේත් පිටත් වුනා. අර පිරිස හිනැහි හිනැහී ඉන්නවා දැන්. ඔහොම ඉන්නකොට

මොකද වුනේ, එකපාරටම වරුසාවක් වැස්සා. ඊට පස්සේ වැස්සා පිච්චමල් වරුසාවක්. ඔක්කොම එළියට ආවා. ඊට පස්සේ වැස්සා මැණික් වරුසාවක්. එතකොට ඔක්කොම අත්පුඩි ගගහා හිනාවෙන්න ගත්තා 'ඔන්න අපි තාපසින්නාන්සේට කරපු එකෙන් මේ බලාපල්ලා මේ විපාක ලැබිලා තියෙන හැටි' කියලා. ඔන්න ඊට පස්සේ ආභරණ වැස්සක් වැටුනා. ආභරණ වැස්සක් වැස්සා විතරයි එකෙක් නෑ ගෙයක් ඇතුලේ. ඔක්කොම එළියට පැනලා ආභරණ දාගෙන නටන්ට ගත්තා. ඊට පස්සේ වැස්සා දෙපැත්ත කැපෙන ආයුධ වරුසාවක්. අර ඔක්කොම මුකුණුවැන්න ලියවෙනවා වගේ ලියවිලා ගියා. ඊට පස්සේ ඒ දණ්ඩකී රාජ්‍යය සම්පූර්ණයෙන් ම වනාන්තරගත වුනා. අදත් ඒ දණ්ඩකාරණ්‍යය කියන වනාන්තරේ තියෙනවා ඉන්දියාවේ. ඔය මාවෝවාදී කියන සටන්කාමීන් හැංගිලා ඉන්නේ ඒ කැලේ තමයි.

ඍෂිවරුන්ගේ ශාප....

ඉතින් දැන් බුදුරජාණන් වහන්සේ උපාලිගෙන් ඇහුවනේ මේ මේ ආරණ්‍ය හැදිච්ච විදිහ දන්නවාද කියලා. එතකොට උපාලි කියනවා "එසේය ස්වාමීනී, දණ්ඩකාරණ්‍යය, කාලිංගාරණ්‍යය, මෙජ්ඣාරණ්‍යය, මාතංගාරණ්‍යය යන මේවා ගම් විනාශ වෙලා, වල් වැදිලා ආරණ්‍ය බවට පත්වූ බව මං අහල තියෙනවා" කියනවා. "ගෘහපතිය, මේවා ගම් විනාශ වෙලා, වල් වැදිලා ආරණ්‍ය බවට පත්වුනේ මොකක් නිසා කියල ද ඔබ අහලා තියෙන්නේ?" "ස්වාමීනී, මේවා ආරණ්‍ය බවට පත්වුනේ ඍෂිවරුන්ගේ ශාපවලින් කියලයි මං අහලා තියෙන්නේ" කියනවා.

එතකොට බුදුරජාණන් වහන්සේ වදාළා "ගෘහපතිය... ගෘහපතිය, හොඳින් කල්පනා කරලයි ඔබ කතා කළ යුත්තේ. ඔබ දැන් කියන දේ කලින් කියපු දේත් එක්ක ගැලපෙන්නේ නෑ. කලින් කියපු දේ දැන් කියන දේත් එක්ක ගැලපෙන්නේ නෑ."

විචිත්‍ර වූ ප්‍රශ්න විසඳීමේ හැකියාව....

එතකොට උපාලි කියනවා "ස්වාමීනී, මං පළමු උපමාවෙන් ම භාග්‍යවතුන් වහන්සේගේ ප්‍රශ්න විසඳීම ගැන අතිශයින් ම සතුටට පත්වුනා. **(භගවතෝ විචිත්‍රානි පඤ්හපටිභාණානි සෝතුකාමෝ)** නමුත් ස්වාමීනී, මට භාග්‍යවතුන් වහන්සේගේ අතිශය විචිත්‍ර වූ ප්‍රශ්න විසඳීමේ ප්‍රතිභාව අසන්ට ආසා හිතුනා. ඒ නිසයි මං භාග්‍යවතුන් වහන්සේ වදාළ කරුණට ප්‍රතිවිරුද්ධ දෙයක් ම කිව්වේ. ස්වාමීනී, ඉතා සුන්දරයි. හරියට යටට හරවපු එකක් උඩට හැරෙව්වා වගේ, වැහිලා තිබිච්ච දෙයක් විවෘත කළා වගේ. අන්ධකාරේ ගමන් කරපු කෙනෙකුට පහන් ආලෝකයක් අල්ලගෙන හිටියා වගේ. මංමුළා වෙච්ච කෙනෙකුට හරි මග කිව්වා වගේ. අනේ ස්වාමීනී, මම භාග්‍යවතුන් වහන්සේව සරණ යනවා. ධර්මයත් සරණ යනවා. ශ්‍රාවක සංඝරත්නයත් සරණ යනවා. අද පටන් මාව තෙරුවන් සරණ ගිය උපාසකයෙක් හැටියට සලකන සේක්වා" කිව්වා.

උපාලි දැන් අපේ ශ්‍රාවකයෙක්....

එතකොට බුදුරජාණන් වහන්සේ වදාළා "ගෘහපතිය, ඔබ වගේ මහා ප්‍රසිද්ධ කෙනෙක් එකපාරටම සොයන්නේ බලන්නේ නැතිව ඔහොම තීරණයක් ගන්න එක හරි නෑ."

එතකොට උපාලි කියනවා "ස්වාමීනි, මම ඒකට තවත් පැහැදුනා. මම බොහෝ සෙයින් පැහැදුනා. ස්වාමීනි, මං වගේ කෙනෙක් වෙන අයෙකුගේ ශ්‍රාවකයෙක් වුනා නම් 'උපාලි සිටුවරයා අපේ ශ්‍රාවකයෙක් බවට පත්වුනා' කියලා හැමතැනම ධජ පතාක ඔසවලා, ලොකු බැනර්වල ලියලා හැමතැනම ගහගෙන යයි. නමුත් ඔබවහන්සේ මට කියනවා තවදුරටත් කල්පනා කරලා තීරණයක් ගන්ට කියලා. ඒ නිසා ස්වාමීනී, මම දෙවැනි වරටත් භාග්‍යවතුන් වහන්සේව සරණ යනවා. ධර්මයත් සරණ යනවා. ශ්‍රාවක සංඝයාත් සරණ යනවා" කිව්වා.

නිගණ්ඨයන්ට දානෙ නොදී ඉන්ට එපා....

ඊට පස්සේ බුදුරජාණන් වහන්සේ උපාලිට කියනවා "ගෘහපතිය, බොහෝ කාලයක් තිස්සේ ඔබේ නිවස නිගණ්ඨයන්ට ලොකු පැන් පොකුණක් වගේ තිබුණේ. ඒ නිසා ඔබ තෙරුවන් සරණ ගිය ශ්‍රාවකයෙක් වුනාය කියලා ඒගොල්ලෝ ආවොත් දානෙ නොදී ඉන්ට එපා" කිව්වා. "ස්වාමීනී, මම තවත් පැහැදුනා. මම මෙහෙම නෙවෙයි මෙතෙක් කල් අසා තිබුණේ. මං අසා තිබුණේ ශ්‍රමණ ගෞතමයෝ කියනවාය කියලා 'මට ම දානේ දෙන්ට. අන් අයට දානේ දෙන්ට එපා. මට ම සලකාපන්, මගේ ශ්‍රාවකයන්ට ම සලකාපන්. අන් අයගේ ශ්‍රාවකයන්ට සලකන්ට එපා. මට ම දුන්නොත් තමයි මහත්ඵල. මගේ ශ්‍රාවකයන්ට දුන්නොත් තමයි මහත්ඵල. අන්‍යයන්ට දුන්නොත් මහත්ඵල නෑ' කියලා. නමුත් ස්වාමීනී, භාග්‍යවතුන් වහන්සේ මාව නිගණ්ඨයන්ටත් දානේ දෙන්ට සමාදන් කරනවා නොවැ. ස්වාමීනි, මම තෙවෙනි වරටත් භාග්‍යවතුන් වහන්සේව සරණ යනවා.

ශ්‍රී සද්ධර්මයත් ශ්‍රාවක සංඝයාත් සරණ යනවා" කිව්වා.

උපාලි ගෘහපති සෝවාන් වුනා....

ඊට පස්සේ බුදුරජාණන් වහන්සේ උපාලිට අනුපිළිවෙළ කතාව වදාළා. අනුපිළිවෙළ කතාව කියන්නේ මොකක්ද? දානය ගැන කතාව, සීලය ගැන කතාව, ස්වර්ගය ගැන කතාව. **(කාමානං ආදීනවං)** කාමයන් නිසා මනුෂ්‍යයා විඳින දුක් ගැන කතාව. **(ඕකාරං සංකිලේසං)** කෙලෙසුන් නිසා මනුස්සයාට වෙන විපත් ගැන කතාව. **(නෙක්ඛම්මේ ආනිසංසං)** මේවායින් නිදහස් වීමෙන් ලැබෙන අනුසස් ගැන කතාව. එහෙම අනුපිළිවෙළ කතාව වදාරද්දි උපාලිගේ හිත **(කල්ලචිත්තං)** මොළොක් වුනා. **(මුදුචිත්තං)** මෘදු වුනා. **(විනීවරණචිත්තං)** නීවරණයන්ගෙන් බැහැර වුනා. **(උදග්ගචිත්තං)** ඔදවැඩී ගියා. **(පසන්නචිත්තං)** සිත පහන් වුනා.

එතකොට **(බුද්ධානං සාමුක්කංසිකා ධම්මදේසනා)** බුදුවරුන්ගේ සාමුක්කංසික ධර්ම දේශනාව වදාළා. සාමුක්කංසික ධර්ම දේශනාව කියන්නේ මොකක්ද? **(බුද්ධෝ සෝ භගවා බෝධාය ධම්මං දේසේති)** බුදුරජාණන් වහන්සේ යම් චතුරාර්ය සත්‍ය ධර්මයක් අවබෝධ කළා ද, ඒ චතුරාර්ය සත්‍ය ධර්මය අන් අයටත් අවබෝධ කරගැනීම පිණිස දේශනා කරනවා. ඒකට තමයි සාමුක්කංසික ධර්ම දේශනාව කියන්නේ. **(දුක්ඛං, සමුදයං, නිරෝධං, මග්ගං)** එතකොට මොකද වුනේ, කිළුටු නැති පිරිසිදු වස්ත්‍රයකට මනාකොට සායම් උරාගන්නවා වගේ උපාලි ගෘහපතියා හට ඒ ආසනයේ දී ම **(යං කිඤ්චි සමුදයධම්මං)** හේතූන් නිසා හටගන්න යමක් ඇද්ද, **(සබ්බං තං නිරෝධධම්මං)** ඒ හේතූන් නිරුද්ධ වීමෙන් ඒ සියල්ල නිරුද්ධ වෙලා යන

ස්වභාවයෙන් යුක්තයි කියලා කෙලෙස් රහිත වූ, අවිද්‍යා මලකඩ රහිත වූ දහම් ඇස පහළ වුනා. සෝවාන් ඵලයට පත්වුනා.

සිව්වණක් පිරිසට දොරටු විවෘතයි....

ඊට පස්සේ උපාලි සිටුතුමා ශාස්තෘ ශාසනයේ මනාකොට පිහිටලා, භාග්‍යවතුන් වහන්සේට වන්දනා කරලා ආපහු තමන්ගේ සිටුමැදුරට ගියා. ගිහිල්ලා දොරටුපාලයාට කිව්වා "මිත්‍රය, අද ඉඳලා මේ දොරෙන් ඇතුළට නිගණ්ඨයන්ට එන්න දෙන්න එපා. අද පටන් භික්ෂු - භික්ෂුණී - උපාසක - උපාසිකා කියන භාග්‍යවතුන් වහන්සේගේ ශ්‍රාවක පිරිසට පමණක් මේ දොරටු විවෘතයි. නිගණ්ඨයෝ කව්රුහරි ආවොත් කියන්න 'උපාලි ගෘහපතිතුමා ශ්‍රමණ ගෞතමයන් වහන්සේගේ ශ්‍රාවකයෙක් වුනා. ඒ නිසා නිගණ්ඨයන්ට මේ දොරෙන් ඇතුළට යන්ට බෑ. හැබැයි ඔහොම ඉන්ට. කෑම බීම ගෙනත් දෙන්නම්' කියලා කියන්න" කිව්වා. ඇයි බුදුරජාණන් වහන්සේ කිව්වනේ නිගණ්ඨයන්ටත් දානේ දෙන්න කියලා.

උපාලි ශ්‍රමණ ගෞතමයන්ගේ ශ්‍රාවකයෙක් වෙලා....

දැන් අරගොල්ලෝ බලාගෙන ඉන්නවා අද වාදෙට මොකද්දෑ වුනේ කියලා. බලාගෙන ඉන්දැද්දී ඔන්න දීඝතපස්සීට ආරංචි වුනා උපාලි ගෘහපති ශ්‍රමණ ගෞතමයන්ගේ ශ්‍රාවකයෙක් බවට පත්වුනා කියලා. ආරංචි වෙලා දුවගෙන ගියා නිගණ්ඨ නාතපුත්ත ගාවට. ගිහිල්ලා කිව්වා "ස්වාමීනී, මං කිව්වා නොවැ මේකාව යවන්ට එපා

කියලා. ඕං මදෑ ගිහිල්ලා කොරගත්තු හරිය. අන්න උපාලි ශ්‍රමණ ගෞතමයන්ගේ ශ්‍රාවකයෙක් වෙලා." එතකොට නිගණ්ඨනාතපුත්‍ර කියනවා "වෙන්ට බෑ... වෙන්ට බෑ..... උපාලි ශ්‍රමණ ගෞතමයන්ගේ ශ්‍රාවකයෙක් වුනා කියන එක නම් වෙන්ට බෑ. වෙන්ට පුළුවන් දේ ඕක නෙමෙයි. ශ්‍රමණ ගෞතමයෝ අපේ උපාලිගේ ශ්‍රාවකයෙක් වෙලා ඇති." දෙවෙනි වතාවෙත් කිව්වා. ඒත් පිළිගත්තේ නෑ.

තුන්පාරක් කිව්වත් පිළිගත්තේ නෑ. ඊට පස්සේ දීඝතපස්සී "හා හොඳයි. එහෙනම් මම ම ගිහිල්ලා මේකේ ඇත්ත නැත්ත බලාගෙන එන්නම්" කියලා ගියා. උපාලි ගෘහපතිගේ ගෙදරට ගිහිල්ලා ඇතුළු වෙන්ට හැදුවා. එතකොට දොරටුපාලයා "හා... හා... ස්වාමීනී, ඇතුලට යන්ට එපා" කිව්වා. ඇයි කියලා ඇහුවා. "දැන් ඉතින් නිගණ්ඨ නාතපුත්‍රගේ ශ්‍රාවකයන්ට මේ දොරටුව වැහිලා තියෙන්නේ. අපගේ සිටුතුමා ශ්‍රමණ ගෞතමයන් වහන්සේගේ ශ්‍රාවකයෙක් වුනා. දැන් භික්ෂු භික්ෂුණී උපාසක උපාසිකාවන්ට පමණයි මේ දොරටුව විවෘත. ඔහොම ඉන්ට, දානේ ගෙනත් දෙන්නම්" කිව්වා. "උඹේ දානේ තියාගනිං... මට ඕනෙ නෑ. මම යනවා යන්ට" කියලා දීඝතපස්සී ආයෙමත් නිගණ්ඨ නාතපුත්‍ර ගාවට ගියා.

මං කොච්චර කිව්වත් ඇහුවේ නෑනේ....

ගිහිල්ලා කිව්වා "ස්වාමීනී, ඒක ඇත්ත. මං දැන් ගියා බලන්ට. මම මුලින් ම කිව්වනේ 'උපාලිව ශ්‍රමණ ගෞතමයන් එක්ක වාද කරන්න යවන්න එපා. ශ්‍රමණ ගෞතමයන් මායාකාරයෙක්. ආවර්තනී මායාවෙන් මෙයාවත් ඇදලා ගනීවි' කියලා. එකපාරක් නෙමෙයි,

මම කී වතාවක් නම් කිව්වද? දැන් ඉතින් ඔක්කොම ඉවරයි.” ඒත් නිගණ්ඨ නාතපුත්‍ර කියනවා “ඒක නම් වෙන්ට බෑ. ශ්‍රමණ ගෞතමයන් උපාලිගේ ශ්‍රාවකයෙක් වුනොත් මිසක්, එහෙම නැතුව වෙන්ට බෑ” කිව්වා. තුන් පාරක් කිව්වා, පිළිගත්තේ නෑ. ඊට පස්සේ “හරි මම ම බලාගන්නම්කෝ එහෙනම්” කියලා නිගණ්ඨ නාතපුත්‍රත් මහා නිගණ්ඨ පිරිසක් එක්ක උපාලි ගෘහපතිතුමාගේ සිටුමාලිගාවට ගියා.

ආර්ය ශ්‍රාවකයෙකුගේ ඍජුබව....

දොරටුවෙන් ඇතුළු වෙන්ට හදනකොට ම දොරටුපාලයා කිව්වා “හා.... හා.... ස්වාමීනී, ඇතුලට යන්ට එපා. අපේ සිටුතුමා දැන් ශ්‍රමණ ගෞතමයන්ගේ ශ්‍රාවකයෙක්. ඒ නිසා වෙන අයට ඇතුලට යන්ට බෑ” “එහෙනම් ගිහිල්ලා කියාපං නිගණ්ඨ නාතපුත්‍ර ඇවිත් ඉන්නවාය කියලා.” දොරටුපාලයා ගිහිල්ලා කිව්වා. කිව්වාම උපාලි සිටුතුමා කිව්වා “එහෙනම් මැද ශාලාවේ ආසන පනවන්න” කියලා. ආසන පනවලා ඉවර වුනාට පස්සේ උපාලි සිටුතුමා ගිහිල්ලා ඒ ශාලාවේ තිබුණ උසස් ම ආසනයේ, වටිනා ම ආසනයේ වාඩිවුනා.

දැන් බලන්න සැබෑ ශ්‍රාවකයෙක් තුළ තියෙන ඍජුබව. අපට හිතාගන්නවත් බෑ. උපාලි සිටුවරයා කල්පනා කළා ‘මේගොල්ලෝ මිසදිටුයි. මේ මිසදිටුවන් ගාවට ගිහිල්ලා වැඳුම් පිදුම් කරන්ට දැන් මට බෑ’ කියලා. වෙන අය නම් ‘හරි නෑනේ... මේක නිකං මදිපුංචිකමක් වෙයි. ඒ නිසා මම මෙහෙම සලකන්න ඕන’ කියලා දැන් තියෙනවානේ සෝභන ගති. මෙයා මොකද කළේ, කෙලින් ම ගිහිල්ලා මහපුටුවේ වාඩිවුනා. හා දැන් එන්න

කියන්න කිව්වා. ඔන්න ඉතින් නිගණ්ඨ නාතපුත්‍ර නිගණ්ඨ පිරිසත් එක්ක ඒ ශාලාවට ඇතුලු වුනා.

වෙනදා තියෙන සැලකිලි අද නෑ....

වෙනදට නිගණ්ඨ නාතපුත්‍ර ඈත තියාම එනවා දකිනකොට උපාලි ඒ ශාලාවේ තියෙන වටිනා ම ආසනය උතුරු සළුවෙන් ගසලා පිහිදලා, පෙර ගමන් කරලා නිගණ්ඨ නාතපුත්‍රව ඒ ආසනයේ වාඩි කරවනවා. අද ඒ ආසනයේ ම උපාලි සිටුතුමා වාඩිවෙලා ඉඳගෙන කියනවා "ස්වාමීනි, මේ ආසන තියෙන්නේ. කැමති එකක වාඩිවෙන්න" කියලා. එතකොට නිගණ්ඨ නාතපුත්‍ර කියනවා **(උම්මත්තෝසි ත්වං ගහපති)** "ගෘහපතිය, උඹට පිස්සුද? **(දත්තෝසි ත්වං ගහපති)** ගෘහපතිය, උඹ අහුවුනා නේද ගැටේට? මං ශ්‍රමණ ගෞතමයන් එක්ක වාද කොරඤ්ඤං කියලා ගිහිල්ලා **(මහතාසි වාදසංඝාටේන පටිමුක්කෝ ආගතෝ)** මහා වාද ආරවුලකට අහුවෙලා ආවා නේද?"

ඊළඟට කියනවා **(සෙය්‍යථාපි ගහපති පුරිසෝ අණ්ඩහාරකෝ ගන්ත්වා උබ්භතේහි අණ්ඩේහි ආගච්ඡෙය්‍ය)** "හරියට පුරුෂයෙක් අණ්ඩකෝෂ දෙකත් එක්ක ගිහිල්ලා අණ්ඩකෝෂ දෙක ගලවගෙන ආවා වගේනේ. **(පුරිසෝ අක්ඛිහාරකෝ ගන්ත්වා උබ්භතේහි අක්ඛීහි ආගච්ඡෙය්‍ය)** පුරුෂයෙක් ඇස් දෙකත් එක්ක ගිහිල්ලා ඇස් දෙක ගලවගෙන ආවා වගේනේ. (දැන් බලන්න නිගණ්ඨ නාතපුත්‍රගේ තියෙන පහත් කතාව. එයාගේ හිත ඇතුලේ තියෙන කෝපය තමයි මේ පිටකරන්නේ) මහ ලොකුවට 'ස්වාමීනී, මම ගිහින් වාද කොරඤ්ඤං' කියලා ගිහිල්ලා ශ්‍රමණ ගෞතමයන්ගේ

ආවර්තනී මායාවට අහුවෙලා කැරකිලා ගියා නේද?" කියලා ඇහුවා.

ඒ ආවර්තනී මායාව හරිම සුන්දරයි....

මොනවා කිව්වත් උපාලි කිසිම කලබලයක් නෑ. උපාලි කියනවා **(භද්දිකා භන්තේ ආවට්ටනී මායා)** ස්වාමීනී, ඒ ආවට්ටනී මායාව ඉතා සොඳුරුයි. **(කල්‍යාණී භන්තේ ආවට්ටනී මායා)** ස්වාමීනී, ඒ ආවට්ටනී මායාව හරීම ලස්සනයි. අනේ ස්වාමීනි, මගේ ලේ ඤාතීන් හැමෝම මේ මායාවට අහුවෙනවා නම් මම හරී කැමතියි. **(පියානම්පි මේ අස්ස ඤාතිසාලෝහිතානං දීඝරත්තං හිතාය සුඛාය)** ඒක මගේ ප්‍රිය වූ ඤාතීන්ට බොහෝ කල් හිතසුව පිණිස පවතීවි. ස්වාමීනී, සියලු ක්ෂත්‍රියයෝ, සියලු බ්‍රාහ්මණවරු, සියලු වෛශ්‍යයෝ, සියලු ශුද්‍රයෝ, දෙවියන් බඹුන් මරුන් සහිත, ශ්‍රමණබ්‍රාහ්මණයන් සහිත සියලු දෙනා ම මේ ආවර්තනී මායාවේ පැටලෙනවා නම් ඉතා මැනවි. ඒක ඒ සියලු දෙනාට ම බොහෝ කල් හිතසුව පිණිස පවතීවි" කියනවා.

ස්වාමීනී, ඉස්සර වෙච්ච දෙයක් කියන්නම්. වයසක බමුණෙකුට හිටියා තරුණ නෝනා කෙනෙක්. ඉතින් මේ නෝනට බබෙක් හම්බවෙන්න ඉන්දෙද්දි ඇය බමුණාට කතා කරලා කිව්වා "අනේ බ්‍රාහ්මණය, කඩේට ගොහින් මේ හම්බවෙන්න ඉන්න අපේ පුතාට සෙල්ලම් කොරන්න වඳුරු පැටියෙක් ඇන්න වරෙන්" කියලා. එතකොට බමුණා කිව්වා "සොඳුරී... ඉවසාගෙන හිටපංකෝ. අපි ඉස්සෙල්ලා බලමුකෝ බබා හම්බවුනාම කෙල්ලෙක් ද කොල්ලෙක් ද කියලා. කොල්ලෙක් නම් මං ඒ කොලුපැංචාට වඳුරු පැටියෙක් ඇන්න එන්නම්. කෙල්ලෙක් නම් මං වඳුරු

පැටික්කියක් ගේන්නම්" කියලා කිව්වා. එතකොට මේ බිරිඳගෙන් බේරෙන්න බෑ "නෑ... නෑ... මට එච්චර කල් ඉන්ට බෑ. වඳුරු පැටියෙක් ඇන්න වර" කියලා කියනවා.

වඳුරට පඬු ගැහුවා වගේ....

ස්වාමීනි, ඊට පස්සේ අර බ්‍රාහ්මණයා ගිහිල්ලා කඩෙන් වඳුරු පැටියෙක් ගෙනාවා. ගෙනාවට පස්සේ ඒ තරුණ බැමිණි කිව්වා "අනේ බ්‍රාහ්මණය, මේ වඳුරු පැටියාව ඩයි කරන තැනට අරන් ගිහිල්ලා හොඳට අපුල්ලලා, හොඳට මට්ටම් කොරලා, ලස්සනට කහ පාටට පාට කරලා ඇන්න වරෙන්" කියලා. ඉතින් මේ බ්‍රාහ්මණයා මොකද කළේ, වඳුරු පැටියව අරගෙන රෙදි ඩයි ගහන තැනට ගියා. ගිහිල්ලා ඒ ඩයි ගහන මනුස්සයාට කියනවා "යාළුවා, මේ වඳුරු පැටියාව හොඳට එහාට මෙහාට අපුල්ලලා, ඉස්තිරික්ක කොරලා, ලස්සනට කහ පාටට ඩයි කොරලා දීපං" කිව්වා. එතකොට පඬු ගහන මනුස්සයා කිව්වා "බ්‍රාහ්මණය, කහපාට නම් ගහන්ට පුළුවනි. හැබැයි අපුල්ලන්ටත් බෑ. ඉස්තිරික්ක කොරන්ටත් බෑ" කිව්වා. ඒ වගේ ස්වාමීනී, නිගණ්ඨ නාතපුත්‍රය, ඔබේ ධර්මය අඥාන වූ නිගණ්ඨයන්ට නම් වඳුරට පඬු ගැහුවා වගේ සෙට් වෙයි. හැබැයි වඳුරා අපුල්ලන්ට බෑ. ඉස්තිරික්ක කොරන්ටත් බෑ. එහාට මෙහාට මැදලා ගන්ටත් බෑ. ඒ වගේ නුවණැත්තන්ට ඔය ධර්මයෙන් ප්‍රයෝජනයක් ගන්න බෑ" කිව්වා.

නුවණැත්තන් සඳහා වූ ධර්මය....

ඊට පස්සේ කියනවා "ස්වාමීනී, පස්සේ කාලෙක ඒ බ්‍රාහ්මණයාට හොඳ පිරිසිදු වස්ත්‍රයක් හම්බවුනා. ඒ

වස්ත්‍රය අරගෙන ගියා පඬු ගහන තැනට. 'මිත්‍රයා... මේක හොඳට අපුල්ලලා, මැදලා, ඉස්තිරික්ක කරලා කහ පාටින් ඩයි කරලා දෙන්ට' කියලා කිව්වා. එතකොට ඒ පඬු ගහන එක්කෙනා කියනවා 'හා... මේ අලුත් වස්ත්‍රය නම් හොඳට පඬු ගහන්ටත් පුළුවන්. හොඳට අපුල්ලන්ටත් පුළුවන්. හොඳට ඉස්තිරික්ක කරන්නත් පුළුවන්' කියලා. ස්වාමීනී, අන්න ඒ වගෙයි නැණවතෙකුට භාග්‍යවතුන් වහන්සේගේ ධර්මය. ඒ ධර්මය අඥානයන්ට හරියන්නේ නෑ. භාග්‍යවතුන් වහන්සේගේ ධර්මයෙන් නුවණැත්තන්ට තමන්ගේ හිත ලස්සනට හදලා ගන්න පුළුවන්. අඥාන මනුස්සයෙකුට වඳුරු පැටියා හම්බවුනා වගෙයි ඔබේ ධර්මය" කිව්වා.

නුඹ දැන් කාගේ ශ්‍රාවකයෙක් ද...?

දැන් නිගණ්ඨ නාතපුත්‍රට කරගන්න දෙයක් නෑ. අන්තිමේදි ඇහුවා "ඈ.... උපාලි, එහෙනම් කියාපං ඇත්ත. රජ්ජුරුවන් සහිත මේ නාලන්දාවේ මිනිස්සු ඔක්කෝම දන්නේ නුඹ මගේ ශ්‍රාවකයෙක් කියලයි. දැන් කියාපං නුඹ කාගේ ශ්‍රාවකයෙක්ද?" එතකොට ම උපාලි ගෘහපතිතුමා ආසනයෙන් නැගිට්ටා. නැගිටලා වස්ත්‍රය ඒකාංශ කරගත්තා. බුදුරජාණන් වහන්සේ වැඩසිටින පැත්තට, පාවාරික අම්බවනය පැත්තට වැඳගත්තා. **(තේන හි භන්තේ සුණෝහි යස්සාහං සාවකෝ)** "ස්වාමීනි, ඕං එහෙනම් අහගන්ට මං කාගේ ශ්‍රාවකයෙක් ද කියලා" නම් සීයකින් බුදුරජාණන් වහන්සේට වන්දනා කරමින් ශ්‍රාවකත්වය ප්‍රතිඥා දුන්නා.

1. මහා නුවණැති හෙයින් **ධීර** නම් වූ, මොහඳුර දුරලූ හෙයින් **විගතමෝහ** නම් වූ, කෙලෙස් හුල් බිඳලූ

හෙයින් **පභින්නඛිල** නම් වූ, මාර සේනා ජයගත් හෙයින් **විජිතවිජය** නම් වූ, කෙලෙස් දුක් රහිත හෙයින් **අනීඝ** නම් වූ, සොඳුරු සමසිත් ඇති හෙයින් **සුසමචිත්ත** නම් වූ, වැඩුණු සිල් ඇති හෙයින් **වෘද්ධසීල** නම් වූ, සොඳුරු ප්‍රඥා ඇති හෙයින් **සාධුපඤ්ඤ** නම් වූ, කෙලෙස් දුර්ගයෙන් එතෙරට වැඩි හෙයින් **වෙස්සන්තර** නම් වූ, නිමල ගුණ ඇති හෙයින් **විමල** නම් වූ භාග්‍යවතුන් වහන්සේගේ ශ්‍රාවකයා වෙමි මම්.

2. සැකයෙන් එතෙරට වැඩි හෙයින් **අකථංකථී** නම් වූ, සතුටින් පිරුණු සිත් ඇති හෙයින් **තුසිත** නම් වූ, කාම ගුණ බැහැර කළ හෙයින් **වංතලෝකාමිස** නම් වූ, ලොවේ යහපත දැක සතුටු වන හෙයින් **මුදිත** නම් වූ, ශ්‍රමණ ගුණ සපුරා ගත් හෙයින් **කතසමණ** නම් වූ, උතුම් මිනිසෙක් හෙයින් **මනුජ** නම් වූ, අවසන් සිරුර දරනා හෙයින් **අන්තිමසාරීර** නම් වූ, උදාර මිනිසෙක් හෙයින් **නර** නම් වූ, අලාමක සිත් ඇති හෙයින් **අනෝම** නම් වූ, කෙලෙස් දුහුවිලි නැති හෙයින් **විරජ** නම් වූ භාග්‍යවතුන් වහන්සේගේ ශ්‍රාවකයා වෙමි මම්.

3. සංකා රහිත සිත් ඇති හෙයින් **අසංසය** නම් වූ, හැමට යහපත සදනා හෙයින් **කුල** නම් වූ, ලෝ සතුන් දමනය කරනා හෙයින් **වේණයික** නම් වූ, දහමේ මැනවින් හික්මවන උතුම් රථාචාර්යයා බඳු හෙයින් **සාරථීවර** නම් වූ, උදාර ගුණ ඇති හෙයින් **අනුත්තර** නම් වූ, පිරිසිදු දහම් ඇති හෙයින් **රුචිරධම්ම** නම් වූ, නිසැක ගුණ ඇති හෙයින් **නික්කංඛ** නම් වූ, නුවණින් ලොව එළිය කරනා හෙයින් **පභාසකර** නම් වූ, මානය සිඳලූ හෙයින් **මානච්ඡිද** නම් වූ, මහා වීර ගුණ ඇති හෙයින් **වීර** නම් වූ භාග්‍යවතුන් වහන්සේගේ ශ්‍රාවකයා වෙමි මම්.

4. අසම ගුණ ඇති හෙයින් **නිසභ** නම් වූ, පමණ කළ නො හැකි ගුණ ඇති හෙයින් **අප්පමෙය්‍ය** නම් වූ, ගැඹුරු නුවණැති හෙයින් **ගම්භීර** නම් වූ, මුනි දහමට පත් වූ හෙයින් **මෝනපත්ත** නම් වූ, බිය රහිත ගුණයෙන් යුතු හෙයින් **ඛේමංකර** නම් වූ, ලොවෙහි දෙවියන් බඳු හෙයින් **දේව** නම් වූ, ධර්මයෙහි පිහිටි හෙයින් **ධම්මට්ඨ** නම් වූ, සංවර සිත් ඇති හෙයින් **සංවුතත්ත** නම් වූ, කෙලෙස් ඉක්ම ගිය හෙයින් **සංඝාතික** නම් වූ, දුකින් නිදහස් වූ හෙයින් **මුත්ත** නම් වූ භාග්‍යවතුන් වහන්සේගේ ශ්‍රාවකයා වෙමි මම්.

5. මහා ඇත් රජෙකු වැනි හෙයින් **නාග** නම් වූ, ඈත වනයේ වසනා හෙයින් **පංතසේන** නම් වූ, කෙලෙස් බැඳීම් ගෙවා දැමූ හෙයින් **ඛීණසංයෝජන** නම් වූ, කෙලෙසුන්ගෙන් නිදහස් වූ හෙයින් **මුත්ත** නම් වූ, නුවණින් යුතු කථාබහ ඇති හෙයින් **පටිමංතක** නම් වූ, කෙලෙස් සෝදා හළ හෙයින් **ධෝණ** නම් වූ, මානධජ බිම හෙලූ හෙයින් **පන්නද්ධජ** නම් වූ, වීතරාගී හෙයින් **වීතරාග** නම් වූ, දමනය වූ හෙයින් **දමිත** නම් වූ, කෙලෙස් සිතිවිලි රහිත වූ හෙයින් **නිප්පපංච** නම් වූ භාග්‍යවතුන් වහන්සේගේ ශ්‍රාවකයා වෙමි මම්.

6. සත් බුදුවරුන් අතරේ සත් වැනි මහා ඍෂි වූ හෙයින් **ඉසිසත්තම** නම් වූ, කුහක ගති නැති හෙයින් **අකුහ** නම් වූ, ත්‍රිවිද්‍යාව ලද හෙයින් **තේවිජ්ජ** නම් වූ, ශ්‍රේෂ්ඨත්වයට පත් වූ හෙයින් **බ්‍රහ්මපත්ත** නම් වූ, කෙලෙස් සෝදා හළ හෙයින් **නහාතක** නම් වූ, දහම් පද මැනවින් දෙසනා හෙයින් **පදක** නම් වූ, සැහැල්ලු සිත කය ඇති හෙයින් **පස්සද්ධ** නම් වූ, දුටු දහම් ඇති හෙයින් **විදිතවේද** නම් වූ, හැමට පළමුව ධර්ම දානය

බෙදා දුන් හෙයින් **පුරින්දද** නම් වූ, සියලු ගුණයට දක්ෂ හෙයින් **සක්ක** නම් වූ භාග්‍යවතුන් වහන්සේගේ ශ්‍රාවකයා වෙමි මම්.

7. ආර්ය ගුණ ඇති හෙයින් **අරිය** නම් වූ, වඩන ලද සිත් ඇති හෙයින් **භාවිතත්ත** නම් වූ, උතුම් ගුණයට සපැමිණි හෙයින් **පත්තිපත්ත** නම් වූ, දහම මැනවින් තෝරා දෙන හෙයින් **වෙය්‍යාකරණ** නම් වූ, මනා සිහි නුවණ ඇති හෙයින් **සතිමා** නම් වූ, නුවණින් ලොව දක්නා හෙයින් **විපස්සී** නම් වූ, රහත් ගුණයෙන් යුතු හෙයින් **අනභිනත** නම් වූ, සියලු නුගුණින් බැහැර වූ හෙයින් **අනපණත** නම් වූ, තෘෂ්ණා නැති හෙයින් **අනේජ** නම් වූ, වසඟ කළ සිත් ඇති හෙයින් **වසිප්පත්ත** නම් වූ භාග්‍යවතුන් වහන්සේගේ ශ්‍රාවකයා වෙමි මම්.

8. යහපත් මග වැඩි හෙයින් **සම්මග්ගත** නම් වූ, ධ්‍යාන වඩනා හෙයින් **ඣායී** නම් වූ, කෙලෙස් හා එක් නො වූ සිත් ඇති හෙයින් **අනනුගතන්තර** නම් වූ, පාරිශුද්ධ හෙයින් **ශුද්ධ** නම් වූ, කෙලෙස් රහිත හෙයින් **අසිත** නම් වූ, නැති නො වන ගුණ ඇති හෙයින් **අප්පහීණ** නම් වූ, හුදෙකලාවේ ඇලුණු සිත් ඇති හෙයින් **පවිවිත්ත** නම් වූ, ලොවෙහි මුදුනට පත් වූ හෙයින් **අග්ගපත්ත** නම් වූ, සසරෙන් එතෙරට වැඩි හෙයින් **තිණ්ණ** නම් වූ, අනුන් එතෙර කරවන හෙයින් **තාරයන්ත** නම් වූ භාග්‍යවතුන් වහන්සේගේ ශ්‍රාවකයා වෙමි මම්.

9. ශාන්ත විහරණ ඇති හෙයින් **සන්ත** නම් වූ, ගම්භීර ප්‍රඥා ඇති හෙයින් **භූරිපඤ්ඤ** නම් වූ, මහා ප්‍රඥා ඇති

හෙයින් **මහාපඤ්ඤ** නම් වූ, ලෝභය දුරු වී ඇති හෙයින් **වීතලෝභ** නම් වූ, සත්‍යයට පත් වූ හෙයින් **තථාගත** නම් වූ, සොඳුරු ගමනක් වැඩි හෙයින් **සුගත** නම් වූ, එවැනි වෙන කෙනෙකු නැති හෙයින් **අප්පටිපුග්ගල** නම් වූ, සමාන කෙනෙක් නැති හෙයින් **අසම** නම් වූ, විශාරද ඤාණ ඇති හෙයින් **විසාරද** නම් වූ, සියුම් නුවණැති හෙයින් **නිපුණ** නම් වූ භාග්‍යවතුන් වහන්සේගේ ශ්‍රාවකයා වෙමි මම්.

10. තණ්හාව සිඳලූ හෙයින් **තණ්හච්ඡිද** නම් වූ, අවබෝධයට පත් වූ හෙයින් **බුද්ධ** නම් වූ, කෙලෙස් දුම් බැහැර කළ හෙයින් **වීතධූම** නම් වූ, කෙලෙස් හා නො තැවරී සිටිනා හෙයින් **අනුපලිත්ත** නම් වූ, පුද පූජාවන්ට සුදුසු හෙයින් **ආහුණෙය්‍ය** නම් වූ, ශ්‍රේෂ්ඨ උතුමෙකු හෙයින් **යක්ඛ** නම් වූ, උතුම් පුද්ගලයෙකු හෙයින් **උත්තමපුග්ගල** නම් වූ, අසාමාන්‍ය ගුණ ඇති හෙයින් **අතුල** නම් වූ, මහා ගුණ ඇති හෙයින් **මහා** නම් වූ, මහා යසසට පත් වූ හෙයින් **මහතෝයසග්ගපත්ත** නම් වූ භාග්‍යවතුන් වහන්සේගේ ශ්‍රාවකයා වෙමි මම්.

උපාලි ගෘහපතිතුමා මේ විදිහට කිව්වාම නිගණ්ඨ නාතපුත්‍ර පුදුම වෙලා ඇහුවා "ඈ... ගෘහපතිය, ශ්‍රමණ ගෞතමයන්ගේ මෙපමණ ගුණ සමූහයක් නුඹ කවද්දෑ රචනා කොළේ?" එතකොට කියනවා "ස්වාමීනී, නානා වර්ගයේ මල් රාශියක් තියෙන තැනකට දක්ෂ මල්කාරයෙක් යනවා. ඒ මල්කාරයා ලස්සන ලස්සන මල් අරගෙන මල් මාලා ගොතනවා වගේ මං අනේක වර්ණනාවෙන් යුතු වූ, අනේක සිය ගණන් වර්ණනාවෙන් යුතු වූ, නොයෙක් වර්ණනාවට සුදුසු වූ භාග්‍යවතුන් වහන්සේගේ ගුණ මේ දැන් හිතුවේ. වර්ණනා කිරීමට ඒකාන්තයෙන් ම සුදුසු

වූ උතුමෙකුගේ ගුණ වර්ණනාව නොකරන්නේ කවුද?" කියලා ඇහුවා. එතකොට නිගණ්ඨ නාතපුත්‍රට හෑ.... කියලා කට ඇරුනා. උහුලගන්න බැරිව ගියා මේ කතාව. එතැන ම ලේ වමනේ ගියා. මාස නමයක් අසනීපයෙන් ඉඳලා මැරිලා ගියා.

සැබෑ ශ්‍රාවකයෙක් වන්න....

එතකොට බලන්න පින්වත්නි, උපාලි ගෘහපතිතුමාගෙන් ඔබ කාගේ ශ්‍රාවකයෙක් ද කියලා ඇහුවාම එයා දීපු උත්තරේ. එයා කිව්වද 'දැන් මම මෙහෙම කෙනෙක්... මම දැන් සෝවාන් වෙලා ඉන්න කෙනෙක්... මම දැන් දිනුම් කණුවට ළං වූ කෙනෙක්' කියලා මේ වගේ දේවල් කිව්වද? නෑ. ප්‍රශංසා කළේ ශාස්තෘන් වහන්සේට ම යි. එහෙනම් හඳුනගන්න සැබෑ ශ්‍රාවකයාව. ශාස්තෘන් වහන්සේව ම ප්‍රශංසා කරන්නේ යමෙක් ද, ඒ ශාස්තෘන් වහන්සේගේ ධර්මයට ම ප්‍රශංසා කරන්නේ යමෙක් ද, ඒ ශාස්තෘන් වහන්සේගේ ශ්‍රාවක සංඝයාට ම ප්‍රශංසා කරන්නේ යමෙක් ද, අන්න ඔහු තමයි සැබෑ ශ්‍රාවකයා. ඒ නිසා අපිත් එබඳු ශ්‍රාවකයෝ වන්නෙමු කියලා අධිෂ්ඨානයක් ඇති කරගන්න.

සාදු! සාදු!! සාදු!!!

නමෝ තස්ස භගවතෝ අරහතෝ සම්මාසම්බුද්ධස්ස
ඒ භාග්‍යවත් අර්හත් සම්මා සම්බුදුරජාණන් වහන්සේට නමස්කාර වේවා!

02.
සවස් වරුවේ ධර්ම දේශනය

සැදැහැවත් පින්වත්නි,

අපි සරණ ගිය අපගේ ශාස්තෘන් වහන්සේ ගැන අපි නිතරම අපේ සිත පහදවා ගන්ට ඕන. ඒ චිත්තප්‍රසාදය අපට බොහෝ උපකාරී වෙනවා. තමන් ගැන පැහැදිලා වැඩක් නෑ. අපි කියමු තමන් තමන්ගේ රූපෙට පැහැදිලා ඉන්නවා කියලා. කලක් යනකොට ඒ රූපය වැහැරිලා කිසි වැදගැම්මකට නැති දෙයක් බවට පත්වෙනවා. තමන් තමන්ගේ හඬට පැහැදිලා ඉන්නවා කියමු. කලක් යනකොට තමන්ට හරියට කතා කරගන්නත් බැරුව යනවා. තමන් සම්බන්ධයෙන් පහදින හැම එකකින් ම තමන්ට ලාභයක් නෑ. නමුත් අපි අපගේ ශාස්තෘන් වහන්සේ කෙරෙහි පහදිනවා කියන්නේ අපිට හිතාගන්න බැරි රැකවරණයක් ඒකෙන් අපට ලැබෙනවා. ඒ රැකවරණය ලබා දෙන්න බුදුරජාණන් වහන්සේ බොහෝම අනුකම්පාවෙන් කටයුතු කරලා තියනවා. ඒවා

අපි දැනගත්තොත් තමයි අපේ හිත පහදින්නේ. නොඇසූ නොදන්නා දෙයක් කෙරෙහි පහදිනවා කියන එක විහිලු කතාවක්.

අපි අද උදේ කතා කළා උපාලි ගෘහපතිතුමා ගැන. එතුමාට එක දවසින් පුළුවන් වුනා අනේක අයුරින් බුදුරජාණන් වහන්සේගේ ගුණ කියාගන්ට. ඒ ගිහි කෙනෙක්. කලින් දහම් පන්ති ගිහිල්ලා නෑ. පොත්පත්වල සටහන් කරගෙනත් නෑ. බලන්ට ඒ පිහිටා ඇති පුණ්‍ය මහිමයේ බලය, ආනුභාවය කොච්චරද කියලා. අවංකව ම කවුරුහරි කෙනෙක් මේ ධර්මය පුරුදු කරගෙන ගියොත් ඒකෙන් කිසිම පාඩුවක් නෑ. හැබැයි ඒක අවංකව ම තමන් කරගෙන යන දෙයක් වෙන්ට ඕනෑ. එහෙම කෙනෙකුට ඊළඟ ආත්මෙට පවා ඒක උදව් වෙනවා. බුදුරජාණන් වහන්සේ ඒ වගේ කෙනෙකුට කරන්න හදපු උදව්වක් තමයි දැන් අපි ඉගෙන ගන්න මේ දේශනාවේ තියෙන්නේ. මේ දේශනාවත් ඇතුලත් වෙලා තියෙන්නේ මජ්ඣිම නිකායේ. මේ දේශනාවේ නම **චූළසකුලුදායි සූත්‍රය.** සකුලුදායි කියන පරිබ්‍රාජකයාට වදාළ කුඩා දේශනය.

කාශ්‍යප බුද්ධ ශාසනයේ පැවිදි වෙලා හිටපු කෙනෙක්....

පරිබ්බාජක කියන වචනය සිංහලෙන් කියනවා නම් පිරිවැජියා. පිරිවැජියා කියන්නේ තාපසයා. ඒගොල්ලෝ කොණ්ඩේ වවාගෙන ඉන්නේ. උදේ අපි කතා කළේ නිගණ්ඨයෝ ගැන. ඒගොල්ලෝ කෙස්රැවුල් වවන්නේ නෑ, ගලවනවා. ඊළඟට ඇඳුම් අඳින්නෙත් නෑ. මෙයාලා කෙස්රැවුල් වවනවා. ඇඳුම් කැලිත් ඇඳගෙන

ඉන්නවා. මේ සකුලුදායි කියන පරිව්‍රාජකයා කලින් ආත්මේ කාශ්‍යප බුද්ධ ශාසනයේ පැවිදි වෙලා හිටපු එක්කෙනෙක්. අපේ ගෞතම බුදුරජාණන් වහන්සේ පහළ වෙද්දී මෙයා පරිබ්‍රාජකයෙක්. මෙයා කාශ්‍යප බුද්ධ කාලේ රහත් වෙන්ට පින් තිබ්බ්ච භික්ෂුවක්ව පිරිකර ලබාගන්ට ආසාවෙන් සිවුරු ඇරලා යන්ට පෙළඹෙව්වා. ඒකේ විපාක හැටියට එයාට බුදුරජාණන් වහන්සේ ජීවමානව ඉන්දෙද්දී ගෞතම බුද්ධ ශාසනයේ පැවිදි වෙන්ට අවස්ථාව ලැබුනේ නෑ. හැබැයි ඒ පැහැදුනු එකේ විපාක ඊළඟ ආත්මේ ලැබුණා. ඒ විස්තර මේ සූත්‍රයේ අවසානයේදී මං ඔබට කියාදෙන්නම්.

බොරුවලට ආසා අයත් ඉන්නවා....

මං ඔබට නිතර නිතර කියන දෙයක් තමයි බුදුරජාණන් වහන්සේ ගැන හිත පහදගන්න කියන කාරණය. ඔබ දන්නවා 'මං මාර්ගඵල දෙන්නම්... මගේ ළඟට එන්න.... මං එතෙර කරන්නම්...' කියලා මම ඒ වගේ බොරු කියන්නේ නෑ. ඒ බොරුවලට ආසා අයත් ඉන්නවා. බොරුවලට ආසා අය ගැන අපට කරන්න දෙයක් නෑ. සත්‍යයට ආසා කෙනාට අවස්ථාව තියෙනවා. මේ දේශනාවෙන් අපි තේරුම් ගන්න ඕනෙ මේ හිත පහදවා ගැනීම කියන එක මොනතරම් උදව් වෙනවාද කියන එකයි.

බුදුරජාණන් වහන්සේ ඒ දවස්වල වැඩසිටියේ රජගහනුවර වේළුවනයේ. සකුලුදායි කියන පිරිවැජියාත් ලොකු පිරිවැජි පිරිසක් සමඟ මෝරනිවාපයේ පරිබ්‍රාජකාරාමයේ වාසය කළා. මේ සකුලුදායි තමයි එතන හිටපු ප්‍රධානියා. නිවාප කියලා කියන්නේ අභයභූමිය.

ඊළඟට සත්තුන්ට කෑමට ගස්කොළන් වෙන්කරපු තැනටත් නිවාප කියලා කියනවා. ඔබ අහලා තියෙනවා **(රාජගහේ විහරති වේළුවනේ කලන්දකනිවාපේ)** කියලා. එතකොට වේළුවනය කියන්නේ බිම්බිසාර රජ්ජුරුවෝ ලේනුන්ගේ අභය භූමිය ලෙස නම් කරපු වනාන්තරය. එහෙනම් ලේන්නුත් මරලා තියෙනවා ඒ කාලේ. නැත්නම් ලේන්නුන්ට අභය භූමියක් වෙන්කරන්ට කාරණාවක් නෑ. සකුලුදායි හිටියේ වෙනත් අභය භූමියක. ඒක මෝර නිවාපය. මෝර කියන්නේ (මයුර) මොණර. මොණරුන්ගේ අභය භූමිය. ඒ මෝර නිවාපයේ පරිබ්‍රාජකාරාමයක් තිබුණා. ඒකේ ලොකු පරිබ්‍රාජක පිරිසක් හිටියා. ඒ පරිබ්‍රාජක පිරිසේ ප්‍රධානියා තමයි සකුලුදායි.

උදේ පාන්දර ම දෙතිස් කථාව....

එදා උදෑසන බුදුරජාණන් වහන්සේ පිඬුපිණිස රජගහනුවරට වැඩියා. වැඩියාම කල්පනා කළා "තාම වේලාසන වැඩියි. ඒ නිසා මෝර නිවාපයේ සකුලුදායි ඉන්න පරිබ්‍රාජකාරාමෙට යන්ට ඕනෑ" කියලා. කල්පනා කරලා මෝරනිවාපයේ පරිබ්‍රාජකාරාමේ පැත්තට වැඩියා. වඩිද්දී අර පරිබ්‍රාජක පිරිස පාන්දර නැගිටලා ඔන්න පටන් අරං කචකචේ. එකතු වෙලා රජවරු ගැන, ආණ්ඩුව ගැන, හොරු ගැන, මහඇමතිවරු ගැන, හමුදා ගැන, හොල්මන් ගැන, යුද්ධ ගැන, කෑමබීම ගැන, වස්ත්‍ර ගැන, වාහන ගැන, ඇඳන් ගැන, මල් සුවඳ විලවුන් ගැන, ඥාතීන් ගැන, ගම් නියම්ගම් ජනපද ගැන, ස්ත්‍රීන් ගැන, පුරුෂයන් ගැන, මඟතොටේ තියෙන දේවල් ගැන, ළිඳ ළඟ වෙච්ච දේවල් ගැන. මැරිලා පලච්ච අය ගැන, ලෝකය හැදෙන හැටි ගැන, මුහුද ගැන, මේ වගේ එක එක දේවල් ගැන

(උච්චාසද්දමහාසද්දාය) මහ හඬින් කතා කර කර දෙතිස් කතාවෙන් යුක්තව හිටියා. අද ලෝකයේ ටීවී වලින් පත්තරවලින් කතා කරන්නෙත් ඒ දේවල් ම නේ.

නිහඬබවට කැමති කෙනෙක්....

(අද්දසා බෝ සකුලුදායී පරිබ්බාජකෝ භගවන්තං දූරතෝව ආගච්ඡන්තං) එතකොට සකුලුදායි පිරිවැජියා ඈතින් භාග්‍යවතුන් වහන්සේ වඩිනවා දැක්කා. දැකලා පිරිසට කියනවා **(අප්පසද්දා භොන්තෝ හොන්තු)** "භවත්නි, නිශ්ශබ්ද වෙන්න. **(මා භොන්තෝ සද්දමකත්ථ)** දැන්වත් කෑ නොගහා ඉන්න. **(අයං සමණෝ ගෝතමෝ ආගච්ඡති)** අන්න ශ්‍රමණ ගෞතමයෝ වඩිනවා. **(අප්පසද්දකාමෝ බෝ පන සෝ ආයස්මා අප්පසද්දස්ස වණ්ණවාදී)** උන්වහන්සේ අල්ප ශබ්ද ඇති කෙනෙක්. කතාබහා අඩුවීම ගැන ප්‍රශංසා කරන කෙනෙක්. අල්ප ශබ්ද ඇති පිරිසක් ගාවටයි උන්වහන්සේ වඩින්නේ. ඒ නිසා දැන්වත් කෑනොගහා ඉන්න" කිව්වා. එතකොට පරිබ්‍රාජකයෝ ඔක්කොම නිශ්ශබ්ද වුනා.

ඊට පස්සේ බුදුරජාණන් වහන්සේ එතනට වැඩියා. වැඩියාම සකුලුදායි කියනවා **(ඒතු බෝ භන්තේ භගවා)** "ස්වාමීනී භාග්‍යවතුන් වහන්ස, වඩින සේක්වා! **(ස්වාගතං භන්තේ භගවතෝ)** භාග්‍යවතුන් වහන්සේට ස්වාගතයක් වේවා! **(චිරස්සං බෝ භන්තේ භගවා ඉමං පරියායමකාසි යදිදං ඉධාගමනාය)** භාග්‍යවතුන් වහන්සේ කාලෙකට පස්සේ නොවැ මෙහි වැඩම කළේ. **(නිසීදතු භන්තේ භගවා)** ස්වාමීනී භාග්‍යවතුන් වහන්ස, වැඩහිඳින සේක්වා. **(ඉධමාසනං පඤ්ඤත්තං)** මෙතන මේ ආසනයක් පණවලා තියෙන්නේ. ඉතින් බුදුරජාණන් වහන්සේ ඒ

ආසනයේ වැඩහිටියා. සකුලුදායි පරිබ්‍රාජකයත් පුංචි ආසනයක් අරගෙන කිට්ටුවෙන් වාඩිවුනා.

අඩාල වූ කතාව මොකක්ද...?

එතකොට බුදුරජාණන් වහන්සේ අහනවා **(කායනුත්ථ උදායි ඒතරහි කථාය සන්නිසින්නා)** "උදායි, මොනවද මේ වෙලාවේ කතා කර කර හිටියේ? **(කා ච පන වෝ අන්තරාකථා විප්පකතා)** මගේ පැමිණීම නිසා අඩාල වෙච්ච කතාව මොකක්ද?" **(තිට්ඨතේසා භන්තේ කතා යාය මයං ඒතරහි කතාය සන්නිසින්නා)** "අනේ ස්වාමීනී, අපි මේ කතා කොරකොර හිටපුවා පසෙකින් තිබේවා. **(නේසා භන්තේ කථා භගවතෝ දුල්ලභා භවිස්සති පච්ඡාපි සවණාය)** ඒවා නම් ඉතින් භාග්‍යවතුන් වහන්සේට දුර්ලභ නෑ. පස්සේ අහන්ටත් පුළුවනි."

ඉන්න තැන එක විදිහක්, නැති තැන තව විදිහක්....

ඊට පස්සේ සකුලුදායී කියනවා "ස්වාමීනී, මං මේ පිරිසට පේන්ට හිටියේ නැත්නම් මුන්දැලා දෙතිස් කතාවෙන් ම යි ඉන්නේ. මම මේ පිරිස මැද්දට එන්නේ යම් අවස්ථාවක ද, අන්න එතකොට විතරක් **(අථායං පරිසා මමංයේව මුඛං උල්ලෝකෙන්තී නිසින්නා හෝති)** මේ පිරිස මගේ මූණ දිහා බලාගෙන ඉන්නවා **(යං නෝ සමණෝ උදායි ධම්මං භාසිස්සති, තං නෝ සොස්සාමාති)** 'මේ ශ්‍රමණ උදායි යම් ධර්මයක් කියයි ද, ඒක අපි අහමු' කියලා. **(යදා පන භන්තේ භගවා ඉමං පරිසං උපසංකන්තෝ හෝති)** ඒ වගේම ස්වාමීනී, භාග්‍යවතුන් වහන්සේ යම් අවස්ථාවක මේ පිරිස මැද්දට

වඩිනවා ද, **(අථ අහඤ්චේව අයං ච පරිසා)** එතකොට මමත් මේ පිරිසත් අපි දෙගොල්ලෝ ම **(භගවතෝ මුඛං උල්ලෝකෙන්තෝ නිසින්නා හෝම යං නෝ භගවා ධම්මං භාසිස්සති, තං සොස්සාමාති)** 'භාග්‍යවතුන් වහන්සේ යම් ධර්මයක් දේශනා කරනවා ද, ඒක අපි අහමු' කියලා භාග්‍යවතුන් වහන්සේගේ මූණ දිහා ම බලාගෙන ඉන්නවා." කිව්වා.

එහෙම කිව්වට පස්සේ බුදුරජාණන් වහන්සේ 'හා... හා... එහෙනම් ලේස්ති වෙයල්ලා... මම දැන් බණ කියන්ටයි යන්නේ...' කියලා එහෙම කිව්වද? නෑ. එහෙම උඩඟුකමක් උන්වහන්සේ තුළ නැහැ. ඒ අපගේ ශාස්තෘන් වහන්සේගේ ජීවිතය හරිම පුදුම සහගතයි. හරීම සුහද, මනා ගුණයෙන් යුතු ශාස්තෘන් වහන්සේ නමක්. උන්වහන්සේ වදාරනවා **(තේන හි උදායි තං යේව එත්ථ පටිභාතු, යථා මං පටිභාසෙය්‍යාති)** "එහෙනම් උදායි, මට මේක පටන් ගන්න තැනක් ඔබ ම කියන්නකෝ" කිව්වා. බලන්න කොච්චර ලස්සන ද නේද..!

ව්‍යාජ බුදුවරයෙක්....

එතකොට සකුලුදායී කියනවා **(පුරිමානි භන්තේ දිවසානි පුරිමතරානි සබ්බඤ්ඤූ සබ්බදස්සාවී අපරිසේසං ඤාණදස්සනං පටිජානමානෝ)** "ස්වාමීනී, මේ දවස් කීපයකට කලින් මට, තමන් සර්වඥ ය, සියලු දේ දකිනවාය කියලා පරිපූර්ණ ඤාණදර්ශනය ප්‍රතිඥා කරන එක්කෙනෙක් මුණගැහුණා. ඔහු කියනවා **(චරතෝ ච මේ තිට්ඨතෝ ච සුත්තස්ස ච ජාගරස්ස ච සතතං සමිතං ඤාණදස්සනං පච්චුපට්ඨිතං)** මං ඇවිදිද්දිත් සිටගෙන සිටිද්දිත් නිදාගෙන ඉන්දෙද්දිත් අවදිවෙලා ඉන්දෙද්දිත්

හැම තිස්සේ ම ඒ මගේ සර්වඥතා ඥානය සම්පූර්ණයෙන් ම විවෘත වෙලා තියෙන්නේ' කියලා කියනවා. ස්වාමීනී, මං උන්දෑ ගාවට ගියා. ගිහිල්ලා මං උන්දැගෙන් අතීත ජීවිතය ගැන ප්‍රශ්නයක් ඇහුවා. ඇහුවා විතරයි උන්දෑ මේකට වෙන එකක් කියාපි. **(බහිද්ධා කථං අපනාමේසි)** කිසි අදාළ නැති කතාවක් ඇදලා ගත්තා. **(කෝපං ච දෝසං ච අප්පච්චයං ච පාත්වාකාසි)** ඊට පස්සේ හොඳටම කේන්ති ගිහිල්ලා මෙන්න මුන්දෑ කතාව නවත්වලා මට බණින්ට ගත්තා.

අනේ... භාග්‍යවතුන් වහන්සේ සිටියා නම්....

(තස්ස මයිහං භන්තේ භගවන්තං යේව ආරබ්භ පීති උදපාදි) එතකොට ස්වාමීනී, මට භාග්‍යවතුන් වහන්සේව ම මතක් වුනා. මතක් වෙලා මට ප්‍රීතිය හට ගත්තා. **(අහෝ නූන භගවා)** 'අනේ... භාග්‍යවතුන් වහන්සේ හිටියා නම්... **(අහෝ නූන සුගතෝ)** අනේ සුගතයන් වහන්සේ හිටියා නම්... **(යෝ ඉමේසං ධම්මානං කුසලෝ)** මම මේ අහන දේවල් ගැන උන්වහන්සේ තමයි හොඳට ම දක්ෂ' කියලා." බලන්න මේකේ වෙච්ච දේ. අර සර්වඥයි කියලා කියපු එක්කෙනාගෙන් ප්‍රශ්න අහද්දි කේන්තිය හටගත්තා. කේන්ති ගිහිල්ලා බණිනකොට සකුලුදායිට මතක් වුනේ කාවද? බුදුරජාණන් වහන්සේව.

එතකොට බුදුරජාණන් වහන්සේ අහනවා "උදායි, ඒ සර්වඥය කියාගෙන, සියල්ල දන්නවායි කියාගෙන, ඇවිදිද්දිත් සිටගෙන සිටිද්දිත් නිදාගෙන සිටිද්දිත් අවදිවෙලා සිටිද්දිත් හැම තිස්සේ ම පරිපූර්ණ ඥාණදර්ශනයක් පිහිටලා තියෙනවයි කියන, ඔබ අතීත ජීවිතය අරබයා ප්‍රශ්න අහද්දි කේන්ති ගිහිල්ලා බණින්ට

පටන් ගත්තු ඒ පුද්ගලයා කවුද?" කියලා ඇහුවා. **(නිගණ්ඨෝ භන්තේ නාතපුත්තෝ)** "ස්වාමීනී, ඒ තමයි නිගණ්ඨ නාතපුත්‍ර."

හැම කෙනත් එක්ක ම කතා කරන්න බෑ....

දැන් බලන්න බුදුරජාණන් වහන්සේගේ තියෙන නික්ලේශී බව. දැන් ඔන්න දුන්නා මාතෘකාව 'ස්වාමීනී, නිගණ්ඨනාතපුත්‍රයි මෙහෙම කළේ' කියලා. වෙන කෙනෙකුට නම් නිගණ්ඨනාතපුත්‍රට දෙකක් දෙසා බාන්ට හොඳ අවස්ථාවක් ද නැද්ද? බුදුරජාණන් වහන්සේ එහෙම කළේ නෑ. බලන්න වෙනස. උන්වහන්සේ වදාරනවා "උදායි, යම්කිසි කෙනෙක් පෙර විසූ කඳ පිළිවෙළ සිහි කරනවා නම්, පුබ්බේනිවාසානුස්සති ඤාණය තියෙනවා නම් එහෙම කෙනෙක්ට පුළුවන් මාව සතුටු කරන්ට පෙරවිසූ කඳ පිළිවෙළ ගැන කතා කරලා. මටත් පුළුවන් එහෙම කෙනෙක්ව සතුටු කරන්ට පෙරවිසූ කඳ පිළිවෙළ ගැන කතා කරලා. මොකද හේතුව, එයාටයි මටයි ඒ මාතෘකාව කතාකරන්ට පුළුවන් ක්ෂේත්‍රයක් තියෙන නිසා.

යමෙකුට දිවැස් තියෙනවා නම්....

ඒ වගේම උදායි, යම් කෙනෙක් **(දිබ්බේන චක්ඛුනා විසුද්ධේන අතික්කන්තමානුසකේන සත්තේ පස්සෙය්‍ය)** මිනිස් ස්වභාවය ඉක්මවා ගිය දිවැසින් කර්මානුරූපව සුගති දුගතිවල උපදින චුතවෙන සත්වයන් දකිනවා නම්, චුතූපපාත ඤාණය තියෙනවා නම් මට එයත් එක්ක පුළුවන් අපරන්තය ගැන, ඒ කියන්නේ මරණින් මතු ජීවිතය ගැන ප්‍රශ්න කතා කරන්ට. එතකොට මට ඒකෙන්

සතුටක් ලැබේවි. එයාටත් පුළුවනි මාත් එක්ක ඒ මාතෘකාව කතා කරන්න. ඒ කතාවෙන් එයාටත් සතුටක් ලැබේවි" කියනවා. මේකෙන් බුදුරජාණන් වහන්සේ සකුලුදායිට පැහැදිලි කරලා දුන්නේ මොකක්ද? 'ඔහේටත් ඔය ඤාණ දෙක නෑ. අරයාටත් ඔය ඤාණ දෙක නෑ. ඒ නිසා පෙර ජීවිතේ ගැන හෝ මරණින් මතු ජීවිතේ ගැන හෝ කතා කරලා වැඩක් නෑ' කියලයි.

ඊට පස්සේ බුදුරජාණන් වහන්සේ වදාරනවා (**අපි ච උදායි තිට්ඨතු පුබ්බන්තෝ**) ඒ නිසා උදායී, කලින් ආත්ම ගැන හොයන එක පසෙක තිබේවා. (**තිට්ඨතු අපරන්තෝ**) මරණින් මත්තේ ජීවිත ගැන හොයන එකත් පසෙක තිබේවා. (**ධම්මං තේ දේසෙස්සාමි**) මං ඔබට ධර්මය කියන්නම්. ඒ ධර්මයේ කියවෙනවා (**ඉමස්මිං සති ඉදං හෝති**) මෙය ඇති කල්හී මෙය වේ. (**ඉමස්ස උප්පාදා ඉදං උප්පජ්ජති**) මෙය ඉපදීමෙන් මෙය උපදී. (**ඉමස්මිං අසති ඉදං න හෝති**) මෙය නැති කල්හී මෙය නැත්තේය. (**ඉමස්ස නිරෝධා ඉදං නිරුජ්ඣති**) මෙය නිරුද්ධ වීමෙන් මෙය නිරුද්ධ වේ කියලා හේතුප්‍රත්‍ය ධර්මයන් ගැන මං ඔබට කියන්නම්" කියනවා.

මේ ආත්මේ වෙච්ච දේවල්වත් හරියට මතක නෑ....

උදායිට තේරුණේ නෑ මේ කියාපු එක. උදායි කියනවා (**අහං හි භන්තේ යාවතකම්පි මේ ඉමිනා අත්තභාවේන පච්චනුභූතං, තම්පි නප්පහෝමි සාකාරං සඋද්දේසං අනුස්සරිතුං**) "අනේ ස්වාමීනී, මේ ආත්මේ ලැබිච්ච අත්දැකීම්වත් මට හරි පිළිවෙළකට මතක් කොර ගන්ට බෑ. (**කුතෝ පනාහං අනේකවිහිතං පුබ්බේනිවාසං**

අනුස්සරිස්සාමි) එහෙම එකේ මං කොහොමෙයි අනේකප්‍රකාරව පෙර උපන් ආත්මභාව ගැන මෙනෙහි කරගන්නේ? අනේ ස්වාමීනී, මට ඒක කරන්ට බෑ" කියනවා. එතකොට මෙයා අවංක ද නැද්ද? ගෝලයෝ පිරිසත් ඉස්සරහනේ මේ කියන්නේ. ඊළඟට කියනවා **(අහං හි භන්තේ ඒතරහි පංසුපිසාචකම්පි න පස්සාමි)** "ස්වාමීනී, මං පාංශු පිසාචයෙක්වත් මේ ජීවිතයේ දැකලා නෑ. එහෙම එකේ මිනිස් බව ඉක්මවා ගිය දිවැසකින් චුතවන උපදින උන්දැලා බලනවා කියන එක මම කොහොම කොරන්ටද... අනේ ස්වාමීනී, මට ඒකත් බෑ" කියනවා.

ඒක නම් කොහෙත්ම වැටහෙන්නේ නෑ....

ඊළඟට කියනවා "ඒ වගේම ස්වාමීනී, භාග්‍යවතුන් වහන්සේ මට මෙහෙම වදාළා නොවැ. 'උදායි, පූර්වාන්තය පසෙක තිබේවා. අපරාන්තයත් පසෙක තිබේවා. මං ඔබට ධර්මය කියන්නම්. මෙය ඇති කල්හී මෙය වේ. මෙය ඉපදීමෙන් මෙය උපදී. මෙය නැති කල්හී මෙය නැත. මෙය නිරුද්ධ වීමෙන් මෙය නිරුද්ධ වේ කියලා' **(තඤ්ච පන මේ භියෝසෝමත්තාය න පක්ඛායති)** ස්වාමීනී, මට මේක කොහෙත්ම තේරෙන්නේ නෑ. ඒ නිසා ස්වාමීනී, අපේ ගුරු පරම්පරාවෙන් ආපු දේවල් තියෙනවා නොවැ. (ඒ කිව්වේ පරිබ්‍රාජකයන්ගේ ගුරු පරම්පරාවෙන් ආපු ප්‍රශ්න) ආන්න ඒ ප්‍රශ්න සාකච්ඡා කරමු. භාග්‍යවතුන් වහන්සේව සතුටු කරන්ට මට ඒකෙන් නම් ඇහැක් වේවි" කිව්වා.

එතකොට බුදුරජාණන් වහන්සේ අහනවා **(කින්ති පන තේ උදායි සකේ ආචරියකේ හෝති)** "

උදායි, තමන්ගේ ආචාර්ය පරම්පරාවෙන් ආපු ප්‍රශ්නේ මොකක්ද?" **(අම්හාකං භන්තේ සකේ ආචරියකේ ඒවං හෝති)** "ස්වාමීනී, අපේ ගුරුපරම්පරාවේ මෙන්න මෙහෙම උගන්වනවා. **(අයං පරමෝ වණ්ණෝ, අයං පරමෝ වණ්ණෝති)** 'මේක තමයි ශ්‍රේෂ්ඨතම වර්ණය, මේක තමයි ශ්‍රේෂ්ඨ ම පාට' කියලා මෙහෙම බණ පදයක් අපට අපේ ගුරුපරපුරේ උගන්වනවා" කිව්වා. ඉතින් බුදුරජාණන් වහන්සේ අහනවා **(කතමෝ සෝ පරමෝ වණ්ණෝ)** "උදායි, ඔබේ ගුරුපරපුරේ 'මේක තමයි ශ්‍රේෂ්ඨත ම වර්ණය, මේක තමයි ශ්‍රේෂ්ඨතම වර්ණය' කියලා උගන්වන ඒ ශ්‍රේෂ්ඨ ම වර්ණය මොකක්ද?"

ශ්‍රේෂ්ඨතම වර්ණය....

එතකොට උදායි කියනවා **(යස්මා භන්තේ වණ්ණා අඤ්ඤෝ වණ්ණෝ උත්තරිතරෝ වා පණීතතරෝ වා නත්ථි සෝ පරමෝ වණ්ණෝ)** "ස්වාමීනී, යම් වර්ණයකට වඩා උත්තරීතර වූ, ප්‍රණීතතර වූ වෙනත් වර්ණයක් නැද්ද, ඒක තමයි ශ්‍රේෂ්ඨ ම වර්ණය." ඉතින් බුදුරජාණන් වහන්සේ අහනවා "හරි... එහෙනම් උදායි, දැන් කියන්න, යම් වර්ණයකට වඩා උත්තරීතර වූ, ප්‍රණීතතර වූ වෙනත් වර්ණයක් නැත්නම්, ඒ වර්ණය මොකක්ද?" එතකොට මෙයා ආයෙමත් කියනවා "ස්වාමීනී, යම් වර්ණයකට වඩා උත්තරීතර වූ, ප්‍රණීතතර වූ වෙනත් වර්ණයක් නැද්ද, ඒක තමයි ශ්‍රේෂ්ඨ ම වර්ණය" කියලා.

එතකොට බුදුරජාණන් වහන්සේ වදාළා "උදායි, මේක හරි කතාවක් නේ... මේ කතාව දිග්ගැහිගැහී යනවා මිසක් කොණක් පොටක් නෑ නොවැ. උදායි, ඔය කතාව හරියට මේ වගේ එකක්. කෙනෙක් කියනවා 'මං මේ

රටේ ඉන්න ලස්සන ම රූප සුන්දරී බඳින්ටයි යන්නේ' කියලා. එතකොට අනිත් අය වටවෙලා අහනවා 'පුරුෂය, ඒ රූපසුන්දරී ක්ෂත්‍රිය කුමාරිකාවක් ද?' මෙයා කියනවා 'දන්නේ නෑ.' 'බ්‍රාහ්මණ කුමාරිකාවක් ද?' 'දන්නෙ නෑ.' 'එහෙනම් කියාපිය. ඒ තෝ බඳින්න හදන එකී කලු ද?' 'දන්නෙ නෑ.' 'සුදු ද?' 'ඒත් දන්නේ නෑ.' 'තලෙළු ද?' 'ඒත් දන්නේ නෑ.' 'එහෙනම් කියාපිය ඒකි උස ද?' 'ඒ දන්නෙත් නෑ.' 'ඒකි මිටි ද?' 'ඒ දන්නෙත් නෑ.' 'හරි එහෙනම් කියාපිය ඒකි ඉන්න ගම මොකක්ද?' 'ඒ දන්නෙත් නෑ.' උදායි, ඕකත් ඒ වගේ කතාවක් නේ." කියනවා.

අර්ථ ශූන්‍ය හිස් කතාවක්....

බලන්න කොච්චර ලස්සන ද බුදුරජාණන් වහන්සේගේ පිළිතුරු. එතකොට ඒ මිනිස්සු අර මනුස්සයාට කියනවා 'අනේ මිනිහෝ.... තමුසේ ඒ ස්ත්‍රියව දන්නෙත් නෑ. ඒ ස්ත්‍රියව දැකලත් නෑ. නමුත් බඳින්ට යනවා. මං මේ රටේ ඉන්න රූපසුන්දරීව බඳිනවා කිය කියාත් කියනවා' කියලා. උදායි, කව්රුහරි කෙනෙක් ඒ වගේ කතාවක් කිව්වොත් ඒ කතාව අර්ථ ශූන්‍ය හිස් කතාවක් නෙමෙයි ද කියලා අහනවා. "ස්වාමීනී, භාග්‍යවතුන් වහන්ස, ඒ කතාව නම් මහා නිරර්ථක අර්ථශූන්‍ය කතාවක් තමයි" කියනවා. "ඉතින් උදායි, ඔහේගේ කතාවත් ඒ වගේ එකක් නේ. 'ස්වාමීනී, යම් වර්ණයකට වඩා උත්තරීතර වූ, ප්‍රණීතතර වූ වෙනත් වර්ණයක් නැද්ද, ඒක තමයි ශ්‍රේෂ්ඨ ම වර්ණය' කියලා කියනවා. නමුත් ඒ වර්ණය මොකක්ද කියලා කියන්නේ නෑ.

එතකොට උදායි කියනවා "ස්වාමීනී, ඒක මේ

වගේ එකක්. හොඳට ඔප දමාපු වෛඩූර්ය මාණික්‍යයක් (විදුරුමිණක්) තියෙනවා. රතු පාට පලසක් උඩ ඒ වෛඩූර්ය මාණික්‍යය තිබ්බාම යම් ආකාරයට බබළයි ද යම් ආකාරයකට දිලිසෙයි ද, ස්වාමීනී, අන්න ඒ වගේ ආරෝග්‍ය වූ වර්ණවත් වූ ආත්මයක් මරණින් මත්තේ තියෙනවා. ඒ ගැනයි මේ කිව්වේ" කිව්වා.

වැඩිපුර බබළන්නේ මොකක්ද...?

එතකොට බුදුරජාණන් වහන්සේ අහනවා "උදායි, මේ ගැන ඔබ මොකද හිතන්නේ? රතුපලසක් උඩ තියෙන වෛරෝඩි මැණික ද වැඩිපුර දිලිසෙන්නේ ඝනාන්ධකාරේ කලාමැදිරියා ද? වැඩිපුර දිලිසෙන්නේ මේ දෙකෙන් මොකක්ද?" "ස්වාමීනී, මේ දෙකෙන් වැඩිපුර දිලිසෙන්නේ නම් ඝනාන්ධකාරේ කලාමැදිරි එළිය තමයි." "උදායි, ඝනාන්ධකාරේ කලාමැදිරි එළිය ද වැඩිපුර දිලිසෙන්නේ, ඝනාන්ධකාරේ තෙල් පහන ද?" "ස්වාමීනී, මේ දෙකෙන් වැඩිපුර දිලිසෙන්නේ ඝනාන්ධකාරේ තෙල් පහනයි." "උදායි, ඝනාන්ධකාරේ තෙල් පහන ද වැඩිපුර දිලිසෙන්නේ, ඝනාන්ධකාරේ දැල්වෙන මහා ගිනිකඳ ද?" "ස්වාමීනී, මේ දෙකෙන් වැඩිපුර දිලිසෙන්නේ, ආලෝකය විහිදෙන්නේ ඝනාන්ධකාරේ දැල්වෙන ගිනිකඳයි."

"උදායි, ඝනාන්ධකාරේ ආලෝකය විහිදෙන ගිනිකඳ ද වැඩිපුර දිලිසෙන්නේ, පාන්දර ජාමේ වලාකුළු රහිත ආකාසේ දිස්වෙන ඕසධී කියන තාරකාව ද?" "ස්වාමීනී, මේ දෙකෙන් පාන්දර ජාමේ ආකහේ දිස්වෙන ඕසධී කියන තාරුකාව තමයි ගොඩාක් දිලිසෙන්නේ." "උදායි, පාන්දර ජාමේ ආකාසේ දිස්වෙන ඕසධී තාරකාව ද වැඩිපුර දිලිසෙන්නේ, පුන් පොහොය දවසට

වලාකුළු රහිත අහසේ මධ්‍යම රාත්‍රියේ දිස්වෙන පූර්ණ චන්ද්‍රයා ද? මේ දෙකෙන් වඩා දිලිසෙන්නේ මොකක්ද?" "ස්වාමීනී, මේ දෙකෙන් පුන්පොහෝ දවසේ වලාකුළු රහිත ආකාසේ රෑ මැදියම් යාමේ දිස්වෙන පූර්ණ චන්ද්‍රයා තමයි වඩාත් ම දිලිසෙන්නේ." "උදායි, පෝය දවසේ මධ්‍යම රාත්‍රියේ වලාකුළු රහිත ආකහේ බබළන පුන්සඳ ද වැඩිපුර දිලිසෙන්නේ, පායන කාලයේ වලාකුළු රහිත ආකාසේ මධ්‍යාහ්නයේ තියෙන සූර්යයා ද?" "ස්වාමීනී, මේ දෙකෙන් පායන කාලයේ වලාකුළු රහිත ආකාසේ මධ්‍යාහ්නයේ තියෙන සූර්යයා තමයි වඩාත් දිලිසෙන්නේ. ඒ සූර්යයා මහා ආලෝකයකින් යුක්තයි" කියනවා.

කලාමැදිරි එළියටත් වඩා ළාමක වර්ණයක්....

ඊට පස්සේ බුදුරජාණන් වහන්සේ වදාළා **(අතෝ බෝ තේ උදායි, බහූ හි බහුතරා දේවා යේ ඉමේසං චන්දිමසූරියානං ආභා නානුභොන්ති)** "උදායි, ඔයිට වඩා හිරු එළියට සඳ එළියට ළං වෙන්න බැරි මහා ආලෝකය විහිදුවන බොහෝ දෙවිවරු ඉන්නවා. **(ත්‍යාහං පජානාමි)** මං ඒගොල්ලෝ ගැන දන්නවා. ඒත් එහෙම දෙවිවරු දැකලත් මම කියන්නේ නෑ 'යම් වර්ණයකට වඩා උත්තරීතර වූ, ප්‍රණීතතර වූ වෙනත් වර්ණයක් නැද්ද, ඒක තමයි ශ්‍රේෂ්ඨ ම වර්ණය' කියලා. නමුත් උදායි, බලන්න... කලාමැදිරි එළියක් තරම්වත් ආලෝකයක් නැති ළාමක දේකට නේද ඔය ශ්‍රේෂ්ඨතම වර්ණය කියලා කිව්වේ..?"

එතකොට උදායි කියනවා **(අච්ඡිදං භගවා කථං, අච්ඡිදං සුගතෝ කථං)** "භාග්‍යවතුන් වහන්සේ මේ කතාව සින්දනේ.... සුගතයන් වහන්සේ මේ කතාව සින්දනේ..." කියනවා. ඇයි දැන් ඉස්සරහට මේ කතාව ගෙනියන්න

බැනේ. උදායි කියපු ආත්මය කලාමැදිරි එළියක් තරම්වත් ආනුභාවය නැති එකක් බව බුදුරජාණන් වහන්සේ පෙන්වා දුන්නනේ. එතකොට බුදුරජාණන් වහන්සේ අහනවා "උදායි, මොකද මේ 'සුගතයන් වහන්සේ කතාව බින්දා... භාග්‍යවතුන් වහන්සේ කතාව බින්දා...' කියලා කියන්නේ?" "ස්වාමීනී, අපිට ගුරුපරම්පරාවෙන් ඉගැන්නුවේ ආත්මයක් තියෙනවාය, මේ ආත්මය තමයි මරණින් මත්තේ සදාකාලික වෙන්නේ කියලා. නමුත් භාග්‍යවතුන් වහන්සේ අපේ ගුරුපරම්පරාවෙන් ආපු කතාව ම කරුණු සහිතව විමසලා විමසලා ඒක හිස් දෙයක් බව පෙන්වා දුන්නා" කිව්වා.

ඒකාන්ත සැප ඇති ලෝකය....

ඊට පස්සේ බුදුරජාණන් වහන්සේ අහනවා උදායිගෙන් "උදායි, ඒකාන්ත සැප ඇති ලෝකයක් තියෙනවද? ඒ ඒකාන්ත සැප ඇති ලෝකය සාක්ෂාත් කරන්ට පුළුවන් ආකාරවතී ප්‍රතිපදාවක් තියෙනවද?" "ස්වාමීනී, අපේ ගුරුපරම්පරාවේ 'ඒකාන්ත සැප ඇති ලෝකයක් තියෙනවා. ඒ ඒකාන්ත සැප ඇති ලෝකය අත්දකින්ට ක්‍රමයකුත් තියෙනවා' කියලා කියාදෙනවා." "උදායි, ඒ ඒකාන්ත සැප ඇති ලෝකය මොකක්ද? ඒ ඒකාන්ත සැප ඇති ලෝකය අත්දකින්ට තියෙන ක්‍රමය මොකක්ද?"

"ස්වාමීනී, මේ ලෝකයේ යම් කෙනෙක් සතුන් මැරීම අත්හැරලා, සතුන් මැරීමෙන් වැළකී හිටියොත්, සොරකම අත්හැරලා, සොරකමින් වැළකී හිටියොත්, වැරදි කාමසේවනය අත්හැරලා, වැරදි කාමසේවනයෙන් වැළකී සිටියොත්, බොරුකීම අත්හැරලා, බොරුකීමෙන්

වැළකී සිටියොත්, **(අඤ්ඤතරං වා පන තපෝගුණං සමාදාය වත්තති)** ඒ වගේම කුමක් හෝ තපෝ ගුණයක් සමාදන් වෙලා හිටියොත් මේක තමයි ඒකාන්ත සැප ඇති ලෝකය අත්දකින්න පුළුවන් ප්‍රතිපදාව" කියනවා.

සැප දුක් මිශ්‍රව....

එතකොට බුදුරජාණන් වහන්සේ අහනවා "උදායි, ඔබ මේ ගැන මොකද හිතන්නේ? යම් අවස්ථාවක කෙනෙක් සතුන් මැරීම අතහැරලා, ඒකෙන් වැළකිලා වාසය කළොත් ඒ අවස්ථාවේ එයා ඉන්නේ ඒකාන්ත සැපයකින් ද, සැපදුක් දෙකින් මිශ්‍රව ද?" "ස්වාමීනී, සැපදුක් දෙකින් මිශ්‍රවයි එයා ඉන්නේ." "උදායි, යම් අවස්ථාවක සොරකමින් වෙන්වෙලා වාසය කරනවා නම්, එතකොට එයා ඉන්නේ ඒකාන්ත සැපයකින් යුක්තව ද, සැපදුක් දෙකින් මිශ්‍රව ද?" "ස්වාමීනී, එයා ඉන්නෙත් සැපදුක් දෙකින් මිශ්‍රවයි." "උදායි, යම් වෙලාවක වැරදි කාමසේවනයෙන් වෙන්වෙලා වාසය කරනවා නම්, එයා ඒ වෙලාවේ ඉන්නේ ඒකාන්ත සැපයකින් ද, සැපදුක් දෙකින් මිශ්‍රව ද?" "සැපදුක් දෙකින් මිශ්‍රවයි ස්වාමීනී, එයා ඉන්නේ."

"උදායි, යම් අවස්ථාවක බොරුකීමෙන් වැළකී වාසය කරනවා නම්, එයා ඒ අවස්ථාවේ ඉන්නේ ඒකාන්ත සැපයකින් ද, සැපදුක් දෙකින් මිශ්‍රව ද?" "ස්වාමීනී, සැපදුක් දෙකින් මිශ්‍රවයි." "උදායි, යම් අවස්ථාවක කුමක් හෝ තපෝගුණයක් පුරුදු කරනවා නම්, ඒ වෙලාවේ එයා ඉන්නේ ඒකාන්ත සැපයකින් ද, සැපදුක් මිශ්‍රව ද?" "ස්වාමීනී, ඒ ඉන්නෙත් සැපදුක් මිශ්‍රවයි" කිව්වා. එතකොට බුදුරජාණන් වහන්සේ අහනවා "එහෙනම් උදායි,

සැපදුක් දෙකින් මිශ්‍ර වූ ප්‍රතිපදාවක ඉඳගෙන කොහොමද ඒකාන්ත සැප ඇති ලෝකයක් අත්දකින්නේ?" කියලා. එතකොට මෙයා ආයෙමත් කියනවා **(අච්ඡිදං භගවා කථං)** භාග්‍යවතුන් වහන්සේ ඒ කතාවත් සිඳලා දැම්මා. **(අච්ඡිදං සුගතෝ කථං)** සුගතයන් වහන්සේ ඒ කතාවත් සිඳලා දැම්මා" කියනවා.

අර්ථශූන්‍ය ආගමක්....

එතකොට බුදුරජාණන් වහන්සේ අහනවා "උදායි, මොකද මේ කතාව සිඳල දැම්මා, බිඳල දැම්මා කියන්නේ?" ඉතින් කියනවා "ස්වාමීනී, අපේ ගුරුපරම්පරාවෙන් අපට උගන්වපු මේ ඒකාන්ත සැප ඇති ලෝකය අත්දකින්න තියෙන ක්‍රමය භාග්‍යවතුන් වහන්සේ විස්තර කර කර යද්දී මේක හිස් දෙයක් බවට පත්වුනා" කිව්වා. ඊට පස්සේ උදායි අහනවා බුදුරජාණන් වහන්සේගෙන් "ස්වාමීනී, ඒකාන්ත සැපය ඇති ලෝකයක් තියෙනවද? ඒ ලෝකය අත්දකින්න පුළුවන් ප්‍රතිපදාවක් තියෙනවද?" "උදායි, ඒකාන්ත සැපය ඇති ලෝකයක් තියෙනවා. ඒ ලෝකය අත්දකින්න පුළුවන් ප්‍රතිපදාවකුත් තියෙනවා." "අනේ ස්වාමීනී, ඒ ඒකාන්ත සැප ඇති ලෝකය අත්දකින්න තියෙන ප්‍රතිපදාව මොකක්ද?"

එතකොට බුදුරජාණන් වහන්සේ වදාළා "උදායි, මේ සාසනයේ භික්ෂුවක් කාමයන්ගෙන් වෙන්ව, අකුසල දහමින් වෙන්ව, විතක්ක විචාර ප්‍රීති සුඛ ඒකාග්‍රතාවයෙන් යුක්ත ප්‍රථම ධ්‍යානය උපදවාගෙන වාසය කරනවා. ඊළඟට විතර්ක විචාර සංසිඳුවලා, තමා තුළ පැහැදීම ඇති කරගෙන, සිතේ එකඟබවින් යුක්ත, විතර්ක විචාර රහිත, සමාධියෙන් හටගත් ප්‍රීතිසුඛය ඇති දෙවැනි ධ්‍යානය

උපදවාගෙන වාසය කරනවා. ඊළඟට ඒ ප්‍රීතියටත් නොඇලී උපේක්ෂාවෙන් වාසය කරනවා. සිහියෙන් හා නුවණින් යුක්තව කයෙන් සැපයකුත් විඳිනවා. තුන්වෙනි ධ්‍යානයත් උපදවාගෙන වාසය කරනවා. උදායි, මේක තමයි ඒකාන්ත සැපය ඇති ලෝකය අත්දකින්න තියෙන ප්‍රතිපදාව" කියනවා.

ඇදුරා සහිත අපි සැවොම නැසුණෙමු....

එතකොට උදායි කියනවා "ස්වාමීනී, එය ඒකාන්ත සැප ඇති ලෝකය අත්දකින්න තියෙන ප්‍රතිපදාව විතරක් නෙවෙයි. එපමණකින් ම එයා ඒකාන්ත සැප ඇති ලෝකය අත්දකිනවා නොවැ" කියනවා. එතකොට බුදුරජාණන් වහන්සේ වදාළා "නෑ උදායි, මෙපමණකින් ඒකාන්ත සැප ඇති ලෝකය අත්දැක්කා වෙන්නේ නෑ. මේක ඒකාන්ත සැප ඇති ලෝකය අත්දකින්න තියෙන ප්‍රතිපදාව විතරයි." **(ඒවං වුත්තේ සකුලුදායිස්ස පරිබ්බාජකස්ස පරිසා උන්නාදිනී උච්චාසද්දමහාසද්දා අහෝසි)** මෙසේ වදාළ විට සකුලුදායි පිරිවැජියාගේ පිරිස හයියෙන් කෑගහන්න ගත්තා.

(එත්ථ මයං අනස්සාම සාචරියකා, එත්ථ මයං පනස්සාම සාචරියකා, න මයං ඉතෝ භියෙ‍ෝ උත්තරිතරං පජානාමාති) "අයියෝ... දැන් ආචාර්යවරයා සහිතව අපි ඔක්කොම විනාසයි නොවැ. අපි මීට වඩා මොකෝවත් දන්නේ නැනේ..." කිව්වා. දැන් බලන්න බුදුරජාණන් වහන්සේ ජීවමානව වැඩසිටින කාලේ තිබිච්ච අන්‍ය ආගම්වල හිස් බව, තුච්ඡ බව. මේ කාලෙත් ඔය එක එක ක්‍රමයට බුදුදහම අන් ආගම් හා සමවිසම වන ආකාරය හොයනවානේ මිනිස්සු. කොච්චර ළාමක ද එතකොට.

ඒක හරියට හිරු මඬල ලෝකේ අනිත් ආලෝකත් එක්ක සංසන්දනය කරන්න හදනවා වගේ වැඩක්. ඉතින් පිරිස ඔක්කොම කෑකෝ ගහන්න පටන් ගත්තාම සකුලුදායි පිරිවැජියා 'හා.... හා.... පොඩ්ඩක් කෑ නොගහා ඉන්ට. අපි බුදුරජාණන් වහන්සේගෙන් මේ ගැන අහගමු' කියලා නිශ්ශබ්ද කළා.

ඒකාන්ත සැප ඇති ලෝකය අත්දකින ප්‍රතිපදාව....

නිශ්ශබ්ද කරලා අහනවා "එහෙනම් ස්වාමීනී, ඒකාන්ත සැප ඇති ලෝකය සාක්ෂාත් කරන්න තියෙන ඒ ප්‍රතිපදාව මොකක්ද?" එතකොට බුදුරජාණන් වහන්සේ ඔන්න සතරවෙනි ධ්‍යානය තෝරලා දෙනවා. **(සුඛස්ස ච පහානා දුක්ඛස්ස ච පහානා පුබ්බේව සෝමනස්සදෝමනස්සානං අත්ථංගමා අදුක්ඛං අසුඛං උපෙක්ඛාසතිපාරිසුද්ධිං චතුත්ථං ඣානං උපසම්පජ්ජ විහරති)** "උදායි, මේ ශාසනයේ භික්ෂුවක් සැපයත් ප්‍රහාණය කරලා, දුකත් ප්‍රහාණය කරලා, කලින් ම සොම්නස් දොම්නස් දෙක ඉක්මවා ගිහිල්ලා දුක්සැප රහිත වූ පිරිසිදු සිහිය හා උපේක්ෂාව ඇති හතරවෙනි ධ්‍යානය උපදවාගෙන වාසය කරනවා. උදායි, මේ සතරවෙනි ධ්‍යානය ඇති කරගත්ත භික්ෂුවට ඒකාන්ත සැප ඇති ලෝකයේ උපන්න යම් දෙවිවරු ඇද්ද, ඒ දෙවිවරු සමඟ කතාබස් කරන්ට, සාකච්ඡා කරන්ට, එකට ඉන්ට පුළුවනි. උදායී, මෙපණකින් ඒකාන්ත සැප ඇති ලෝකය සාක්ෂාත් කළා වෙනවා" කියනවා.

ඔබ අහලා තියෙනවා සතරවෙනි ධ්‍යානය පාදක කරගෙන තමයි ඉර්ධි ප්‍රාතිහාර්ය පාන්නේ. සතරවෙනි

ධ්‍යානය පාදක කරගෙන තමයි පෙර විසූ කඳ පිළිවෙළ සිහි කරන්නේ, සතරවෙනි ධ්‍යානය පාදක කරගෙන තමයි දිවැස උපදවා ගන්නේ, සතරවෙනි ධ්‍යානය පාදක කරගෙන තමයි දිව්‍ය ශ්‍රවණය උපදවා ගන්නේ. සතරවෙනි ධ්‍යානය පාදක කරගෙන තමයි කර්මානුරූපව චුතවෙන උපදින සත්වයන් දකින්නේ. මේ ඔක්කෝම තියෙන්නේ සතරවෙනි ධ්‍යානය පාදක කරගෙන.

භික්ෂූන් වහන්සේලා බුදු සසුනේ බඹසර හැසිරෙන්නේ ඇයි...?

ඊළඟට උදායි අහනවා (**ඒතස්ස නූන භන්තේ ඒකන්තසුඛස්ස ලෝකස්ස සච්ඡිකිරියාහේතු භික්ඛූ භගවති බ්‍රහ්මචරියං චරන්ති**) "එතකොට ස්වාමීනී, මේ භික්ෂූන් වහන්සේලා භාග්‍යවතුන් වහන්සේගේ සාසනයේ බඹසර හැසිරෙන්නේ ඔය කියාපු ඒකාන්ත සැප ඇති ලෝකය සාක්ෂාත් කරන්ටද?" කියලා. එතකොට බුදුරජාණන් වහන්සේ වදාළා "නෑ.... නෑ.... උදායි, ඒකට නෙවෙයි. මේ කියාපු ඒකාන්ත සුඛ ඇති ලෝකය සාක්ෂාත් කරන්ට නෙමෙයි මගේ ළඟ මේ ශ්‍රාවක භික්ෂූන් බඹසර හැසිරෙන්නේ. උදායි, මීට වඩා ප්‍රණීතතර වූ උත්තරීතර වූ තව දේවල් තියෙනවා. ඒවා සාක්ෂාත් කරන්ටයි භික්ෂූන් වහන්සේලා මාගේ සාසනයේ බඹසර හැසිරෙන්නේ" කියනවා.

එතකොට උදායි අහනවා "ස්වාමීනී, භාග්‍යවතුන් වහන්සේගේ ශාසනයෙහි භික්ෂූන් වහන්සේලා යම් ධර්මයන් සාක්ෂාත් කරන්නට බඹසර හැසිරෙනවා නම්, ඒ උත්තරීතර වූ, ප්‍රණීතතර වූ ධර්මයන් මොනවා ද?" කියලා. එහෙම ඇහුවාම බුදුරජාණන් වහන්සේ දේශනා

කරනවා "උදායි, මේ ලෝකයේ අරහත් වූ, සම්මා සම්බුද්ධ වූ, විජ්ජාචරණසම්පන්න, සුගත, ලෝකවිදූ, අනුත්තරෝ පුරිසදම්මසාරථී, සත්ථා දේවමනුස්සානං, බුද්ධෝ, භගවා කියන ගුණයන්ගෙන් යුතු තථාගත බුදුරජාණන් වහන්සේ නමක් පහළ වෙනවා. පහළ වෙලා මුල මැද අග පිරිසිදු ධර්මය දේශනා කරනවා. ඒ ධර්මය අහලා සමහරු ගිහි ජීවිතය අත්හැරලා බුද්ධ ශාසනයේ පැවිදි වෙනවා. පැවිදි වෙලා මුලින් සිල්වත් වෙනවා.

සතර ධ්‍යාන....

ඊටපස්සේ ලද දෙයින් සතුටු වීම පුරුදු කරනවා. ඊළඟට ඉන්ද්‍රියයන් සංවර කරගන්නවා. සිහිනුවණින් ඉරියව් පවත්වන්න පුරුදු වෙනවා. ඊට පස්සේ හුදෙකලා තැන්වල වාසය කරමින් කාමච්ඡන්ද - ව්‍යාපාද - ථීනමිද්ධ - උද්ධච්ච කුක්කුච්ච - විචිකිච්ඡා කියන නීවරණ බැහැර කරලා පළවෙනි ධ්‍යානය උපදවා ගන්නවා. උදායී, මාගේ ශාසනයෙහි භික්ෂූන් වහන්සේලා යම් ධර්මයක් සාක්ෂාත් කරන්නට බඹසර හැසිරෙනවා නම්, මෙයත් එබඳු උත්තරීතර වූ, ප්‍රණීතතර වූ ධර්මයක්" කියනවා.

ඒ වගේම ඒ භික්ෂුව දෙවන ධ්‍යානය, තුන්වන ධ්‍යානය, හතරවන ධ්‍යානයත් උපදවාගෙන වාසය කරනවා. මේවත් මාගේ ශ්‍රාවකයන් උපදවා ගන්න බලාපොරොත්තු වන උත්තරීතර වූ ප්‍රණීතතර වූ ධර්මයන් කියනවා. ඊට පස්සේ හතරවෙනි ධ්‍යානය උපදවාගත්තු ඒ භික්ෂුව **(සෝ ඒවං සමාහිතේ චිත්තේ)** මේ විදිහට සිත සමාහිත වුනාම **(පරිසුද්ධේ)** නීවරණයන්ගෙන් බැහැරව පිරිසිදු වුනාම **(පරියෝදාතේ)** හොඳට බබළන්න ගත්තාම **(අනංගණේ)** කෙලෙස් නැතිවුනාම **(විගතූපක්කිලේසේ)**

උපක්ලේෂ බැහැර වුනාම **(මුදුභූතේ)** මෘදු වුනාම,

රත්තරන් පදම් කිරීම....

(කම්මනීයේ) කර්මණ්‍ය වුනාම, කර්මණ්‍ය වෙනවා කියන්නේ හිත ඕනම දේකට යෝග්‍ය වෙනවා කියන එක. ඒකට බුදුරජාණන් වහන්සේ උපමාවක් වදාළා. අමුරන්වලින් ආභරණ හදන්න බෑ. ඒ නිසා රන්කරුවෙක් ඉස්සෙල්ලාම කරන්නේ රත්තරන් කෝවේ දාලා රත්කරලා රත්කරලා ඒ රත්තරන් පදමට ගන්නවා. ඒ විදිහට රත්තරන් පදම් කරාට පස්සේ තමයි ඒ රන සුදුසු වෙන්නේ ආභරණ සෑදීම සඳහා. ඊට පස්සේ සියුම් විදිහට ඒ රත්තරනේ කැටයම් කරන්න පුළුවන්. රත්තරන කැඩෙන්නේ බිඳෙන්නේ නෑ. ඒකට කියනවා රත්තරන් පදම් කරනවා කියලා. මේ වගේ සතරවෙනි ධ්‍යානය දක්වා සිත දියුණු වුනා කියන්නේ ඒ සිත හොඳට පදම් වෙලා තියෙන්නේ. කර්මණ්‍ය වෙලා තියෙන්නේ.

(ඨිතේ) ඒ හිත කැළඹෙන්නේ නෑ. අහස ගෙරෙව්වත් විදුලි කෙටුවත් සැලීමක් හටගන්නේ නෑ ඒ හිතේ. නොකැළඹී එක අරමුණක හිත පවත්වන්න පුළුවන්. **(ආනෙඤ්ජප්පත්තේ)** කම්පා නොවන ස්වභාවයට පත්වුනාම, ඒ භික්ෂුව තමන්ගේ සිත පෙර විසූ කඳපිළිවෙළ සිහි කිරීමට යොමු කරනවා. ආත්මභාව දහස් ගණන් විස්තර සහිතව පෙර ජීවිත ගත කළ ආකාරය ගැන සිහි කරමින් පුබ්බේනිවාසානුස්සති ඤාණය ලබා ගන්නවා. ඊළඟට ඒ භික්ෂුව දිවැසින් කර්මානුරූපව සුගති දුගතිවල උපදින චුතවෙන සත්වයන් දකින්න සිත යොමු කරනවා. චුතූපපාත ඤාණය ලබනවා.

අනුත්තර වූ විමුක්තිය....

ඊළඟට **(සෝ ඉදං දුක්ඛන්ති යථාභූතං පජානාති)** ඒ භික්ෂුව මේක තමයි දුක කියලා යථාභූතය ඒ ආකාරයෙන් ම දැනගන්නවා. මේක තමයි දුකේ හටගැනීම කියලා යථාභූත වශයෙන් ම දැනගන්නවා. මේක තමයි දුකේ නිරෝධය කියලා යථාභූත වශයෙන් ම දැනගන්නවා. මේක තමයි දුක නිරුද්ධ වෙන මාර්ගය කියලා යථාභූත වශයෙන් ම දැනගන්නවා. **(ඉමේ ආසවාති යථාභූතං පජානාති)** මේවා තමයි ආශ්‍රව කියලා යථාභූත වශයෙන් ම දැනගන්නවා. මේ තමයි ආශ්‍රවයන්ගේ හටගැනීම කියලා යථාභූත වශයෙන් ම දැනගන්නවා. මේ තමයි ආශ්‍රවයන්ගේ නිරෝධය කියලා යථාභූත වශයෙන් ම දැනගන්නවා. මේ තමයි ආශ්‍රව නිරුද්ධ වෙන මාර්ගය කියලා යථාභූත වශයෙන් ම දැනගන්නවා.

ඒ භික්ෂුව මේ විදිහට දැනගන්නකොට දැකගන්නකොට කාමාශ්‍රවයන්ගෙනුත් සිත නිදහස් වෙනවා. භවාශ්‍රවයන්ගෙනුත් සිත නිදහස් වෙනවා. අවිජ්ජාශ්‍රවයන්ගෙනුත් සිත නිදහස් වෙනවා. මේ සියලුම කෙලෙස්වලින් සිත නිදහස් වෙලා විමුක්තිය සාක්ෂාත් කරනවා. මේන්න මේ උත්තරීතර වූ ප්‍රණීතතර වූ විමුක්තිය අත්දකින්නයි භික්ෂූන් වහන්සේලා මාගේ ශාසනයේ බඹසර හැසිරෙන්නේ කියලා කිව්වා.

ගෝලයෙක් වෙන්ට එපා....

එතකොට සකුලුදායි හොඳට ම පැහැදුනා. පැහැදිලා සකුලුදායි බුදුරජාණන් වහන්සේට කියනවා "ස්වාමීනී, ඉතා ම රමණීයයි. ස්වාමීනී, ඉතා ම ලස්සනයි.

ස්වාමීනී, හරියට යටට හරවා තිබූ දෙයක් උඩට හැරෙව්වා වගේ. වහලා තිබ්ච්ච එකක් ඇරලා පෙන්නුවා වගේ. මංමුළා වෙච්ච කෙනෙකුට හරි මාර්ගය කියා දුන්නා වගේ. අන්ධකාරේ හිටපු කෙනෙකුට රූප දකින්න පහන් දැල්ලුවා වගෙයි භාග්‍යවතුන් වහන්සේ මේ ධර්මය දේශනා කළේ. ස්වාමීනී, මම භාග්‍යවතුන් වහන්සේවයි ධර්මයයි ශ්‍රාවකසංඝරත්නයයි සරණ යනවා. **(ලභෙය්‍යාහං භන්තේ භගවතෝ සන්තිකේ පබ්බජ්ජං)** ස්වාමීනී, භාග්‍යවතුන් වහන්සේ ළඟ මට පැවිද්ද ලැබේවා. **(ලභෙය්‍යං උපසම්පදං)** උපසම්පදාව ද ලැබේවා" කියනවා.

මෙහෙම කියපු ගමන් අර පරිබ්‍රාජක පිරිස වටකරගත්තා ගුරුන්නාන්සේව. වටකරගෙන කියනවා **(මා භවං උදායි සමණේ ගෝතමේ බ්‍රහ්මචරියං චරි)** "හා... හා... භවත් උදායී, ශ්‍රමණ ගෞතමයන් ළඟ බඹසර හැසිරෙන්ට යන්න එපා. **(මා භවං උදායි ආචරියෝ හුත්වා අන්තේවාසීවාසං වසි)** භවත් උදායී, ගුරුවරයෙක් හැටියට ඉඳලා ගෝලයෙක් වෙන්ට යන්න එපා. ඒක හරියට දිය හැළියක් වෙලා ඉඳලා දිය කිණිස්සක් වුණා වගෙයි" කිව්වා. දියකිණිස්ස කියන්නේ දිය හැළියෙන් වතුර ගන්න කුඩා භාජනේට. ගෝලයෝ ටික වටවෙලා මෙහෙම කියපු ගමන් උදායිට ඍජුව ඉන්න බැරුව ගියා.

අනාගතයේ ඵල ලබනවා....

ඊට පස්සේ බුදුරජාණන් වහන්සේ වදාළා ඔය චිත්තප්‍රසාදය රැකගන්න උදායි කියලා. එතකොට බුදුරජාණන් වහන්සේ මෙච්චර කැප වුනේ මොකේටද? චිත්තප්‍රසාදය උපද්දවලා දෙන්නයි. එයාට එච්චරයි ලැබුනේ. මේ දේශනාව අවසානයේ සඳහන් වෙනවා

මේ විදිහට. "මේ විදිහට සකුළුදායී පිරිවැජියාගේ පිරිස සකුළුදායී පිරිවැජියා හට භාග්‍යවතුන් වහන්සේගේ ශාසනයෙහි බඹසර හැසිරීමෙහි දුර්ලභ වාසනාවට අනතුරු කළා" කියලා. හැබැයි බුදුරජාණන් වහන්සේ දැක්කා මේක සකුලුදායිට අනාගතයේ උපකාර වෙන බව. මේ දේශනාවේ අටුවාවේ තියෙනවා **(අනාගතේ පච්චයභාවඤ්චස්ස දිස්වා)** මොහුට මෙය අනාගතයේ උපකාරී වෙනවා කියලා දැකලා **(භගවා ධරමානෝ ඒකං භික්ඛුම්පි මෙත්තාවිහාරිම්හි ඒතදග්ගේ න ඨපේසි)** බුදුරජාණන් වහන්සේ ජීවමානව වැඩසිටිද්දී එක භික්ෂුවකටවත් මෛත්‍රී විහරණය තුළින් අග්‍රයි කියලා අගතනතුරු දුන්නේ නෑ කියනවා. ඒ අගතනතුර ලබන්න සුදුසුකම් තිබුනේ උදායිට. **(පස්සති හි භගවා - අනාගතේ අයං මම සාසනේ පබ්බජිත්වා)** භාග්‍යවතුන් වහන්සේ දැක්කා මෙයා අනාගතයේ මාගේ සාසනයේ පැවිදි වෙනවා. **(මෙත්තාවිහාරීනං අග්ගෝ භවිස්සතීති)** පැවිදි වෙලා මෛත්‍රී විහරණ ඇති භික්ෂූන් අතුරෙන් අග්‍ර වෙනවා කියලා.

අස්සගුත්ත මහරහතන් වහන්සේ....

(සෝ භගවති පරිනිබ්බුතේ) ඊට පස්සේ භාග්‍යවතුන් වහන්සේ පිරිනිවන් පාලා අවුරුදු දෙසීයක් ඉවර වුනාට පස්සේ **(ධම්මාසෝකරාජකාලේ පාටලිපුත්තේ නිබ්බත්තිත්වා පබ්බජිත්වා)** ධර්මාශෝක රජතුමාගේ කාලයේ පාටලීපුත්‍රයේ ඉපදිලා බුද්ධ සාසනයේ පැවිදි වුනා. **(අරහත්තපත්තෝ අස්සගුත්තත්ථේරෝ නාම හුත්වා)** පැවිදි වෙලා රහත් ඵලයට පත්වෙලා අස්සගුත්ත තෙරුන් නමින් ප්‍රසිද්ධ වුනේ මුන්වහන්සේ යි කියනවා.

(මෙත්තාවිහාරීනං අග්ගෝ අහෝසි) මෛත්‍රියෙන් යුක්තව වාසය කරන අය අතර අග්‍රව වැඩසිටියා. **(ථේරස්ස මෙත්තානුභාවේන තිරච්ඡානගතාපි මෙත්තචිත්තං පටිලභිංසු)** අස්සගුත්ත රහතන් වහන්සේගේ මෛත්‍රියේ ආනුභාවය නිසා තිරිසන්ගත සතුන් පවා මෙත් සිත වඩන්ට ගත්තා කියනවා.

(ථේරො සකලජම්බුදීපේ භික්ඛුසංඝස්ස ඕවාදාචරියෝ හුත්වා වත්තනිසේනාසනේ ආවසි) තෙරුන් වහන්සේ සකල ජම්බුද්වීපයේ ම භික්ෂු සංඝයාගේ අවවාදාචාර්යයන් වහන්සේ හැටියට වැඩසිටිමින් වත්තනිය කියන සෙනසුනේ වාසය කළා කියනවා. නාගසේන මහරහතන් වහන්සේගේ කලින් ආත්මෙත් පැවිදි වෙලා ඉන්දෙද්දි වැඩසිටියේ වත්තනිය සෙනසුනේ. **(තිංසයෝජනමත්තා අටවී ඒකං පධානඝරං අහෝසි)** තිස් යොදුනක් පමණ, ඒ කියන්නේ කිලෝමීටර් තුන්සිය පනහක ප්‍රමාණේ වනාන්තරේ. ඒකේ එක පධානඝරයක් (භාවනා උපදෙස් දෙන තැනක්) තිබුණා. **(ථේරෝ ආකාසේ චම්මඛණ්ඩං පත්ථරිත්වා තත්ථ නිසින්නෝ කම්මට්ඨානං කථේසි)** තෙරුන් වහන්සේ ආකාසේ පත්කඩය එළලා ඒකේ වාඩිවෙලා තමයි සඟපිරිසට භාවනා උපදෙස් දීලා තියෙන්නේ.

ධර්මාශෝක රජුගෙන් පණිවිඩ තුනක්....

(ධම්මාසෝකරාජා ථේරස්ස ගුණං සුත්වා දට්ඨුකාමෝ තික්ඛත්තුං පහිණි) තෙරුන් වහන්සේව බලන්න ඕන කියලා ධර්මාශෝක රජ්ජුරුවෝ තුන්වතාවක් පණිවිඩ එවලා තියෙනවා. **(ථේරෝ භික්ඛුසංඝස්ස ඕවාදං දම්මීති ඒකවාරම්පි න ගතෝති)** නමුත් භික්ෂු

සංඝයාට අවවාද දෙමි'යි කියලා උන්වහන්සේ එක වතාවක්වත් පාටලීපුත්‍රයට වැඩලා නෑ. එතකොට බලන්න බුදුරජාණන් වහන්සේ කොච්චර දෙයක් කරලා ද මේ සකුලුදායි වෙනුවෙන්. සකුලුදායි වෙනුවෙන් සූත්‍ර දෙකක් තියෙනවා දේශනා කරලා. චූළ සකුලුදායි සූත්‍රයත්, මහා සකුලුදායි සූත්‍රයත් කියලා. මේකෙදී සකුලුදායිගේ හිත ඉක්මනින් ම පහදිනවා, හැබැයි තීරණයක් ගන්න බෑ. අර ගෝලබාලයන්ට 'අනේ උඹලා ඕන එකක් කරගනිල්ලා...' කියලා යන්න එපැයි නේද? එහෙම යන්න ආත්ම ශක්තිය තිබුණෙ නෑ. ආත්ම ශක්තිය කියන එකත් එහෙනම් පින් බලයක්. ඒ ආත්ම ශක්තිය නැතිවුනේ මොකෙන්ද? කාශ්‍යප බුද්ධකාලේ පැවිදි වෙලා ඉන්දෙද්දි වෙනත් භික්ෂුවකට සිවුරු අරින්න උපදෙස් දුන්නා. ඒකෙන් ආත්ම ශක්තිය නැතුව ගියා.

කර්මය පොදි බැඳ යන මේ සසරේ....

දැන් බලන්න කර්මය දායාද කරගත්තු අය හැටියට අපි මේ සංසාරේ ගමන් කරද්දී එක ජීවිතයක කොච්චර කර්ම ගොඩක් රැස් කරගන්නවා ඇද්ද. ඒවා කොයිතරම් තීරණාත්මක විදිහට තමන්ට බලපානවාද කියලා තමන් දන්නේ නෑ. ඒ කාශ්‍යප බුද්ධකාලේ පැවිදි වෙලා ඉන්දෙද්දි නිවන් අවබෝධ කරගන්න පින තියෙන කෙනෙකුට ඒ අනතුර නොකළා නම් මේ වෙලාවේ ඒ ආත්ම ශක්තිය එනවා. එහෙනම් ගෝලයන්ට කියනවා 'අනේ උඹලා ඕන එකක් කරගනිල්ලා' කියලා තමන් යනවා යන්ට. අර ගෝලයෝ ටික වටකරලා කිව්වනේ 'එපා එපා... යන්න එපා... දියහැළියක් වෙලා ඉඳලා දිය කිණිස්සක් වෙන්ට එපා. ගුරුවරයෙක් වෙලා ඉඳලා ගෝලයෙක් වෙන්න

එපා' කියලා. එහෙම කියලා පිහිටෙව්වේ මොකේද? ලාභ සත්කාරයේ. ඇයි ලාභසත්කාර අපේක්ෂා කරගෙන, එදා අර උන්නාන්සේගේ සිවුරු පිරිකර ටික ගන්න තමයි සිවුරු අරින්න යැව්වේ. ලාභසත්කාර අපේක්ෂාවෙන් තමයි එදා ඒක කළේ. මෙදා හරහට හිටියෙත් ලාභසත්කාර ම යි. ගුරුවරයා වෙලා ඉඳලා ගෝලයෙක් වෙන්න එපා, දිය හැළියක් වෙලා ඉඳලා දියකිණිස්සක් වෙන්න එපා කියලා ඒක වළක්වද්දි එයත් 'හා එහෙනම් කමක් නෑ' කියලා නැවතුනා.

කර්මවිපාකයන්ගේ බලපෑම....

මේ සංසාරේ එහෙම දෙයක් තියෙනවා කියන කාරණය මේ ධර්මයේ විස්තර කරන නිසා අපි දැන් දන්නවා. දැන් අපේ ජීවිතවල ඇතිවන ප්‍රශ්නවලට සංසාරේ කොච්චර නම් හේතුභූත වෙච්ච කරුණු තියෙනවාද කියලා අපි දන්නේ නෑ. පවුල් ජීවිතේ කඩාකප්පල් වීමට, දුකට පත්වීමට, ඊළඟට ගුණධර්ම නැති දරුවෝ ලැබෙන්ට, සැමියාගෙන් ගුටිකන්ට, අසල්වාසීන්ගේ කෙණෙහිලිකම්වලට බඳුන් වෙන්ට, නොකළ වරදට නින්දා අපහාස විදින්ට මොන මොන දේවල් හේතුභූත වෙලා ඇද්ද.... මේ සංසාරේ අපි කරපු දේවල් තමයි ඒ කැරකි කැරකී එන්නේ. ඒ කරපු දේවල්වලට අනුකූලව තමයි අපට විපාක ලැබෙන්නේ.

ඒකයි අපි මේ බුදුරජාණන් වහන්සේ ගැන හිත පහදවා ගන්න කිය කියා නොයෙක් කරුණු කියන්නේ. හිත පහදවා ගන්න අයට දැන් අවස්ථාව තියෙනවා. අන් අයට හිත පහදවගන්න බාධා කරපු අයට ඒවායේ විපාක ලැබෙයි. සාමාන්‍යයෙන් හිත පැහැදෙව්වොත්

කාගේ හරි ඒ කෙනාට සුගතියේ යන්නනේ ඒකේ උදව්ව තියෙන්නේ. කෙනෙකුගේ සුගතියේ යන්න තියෙන අවස්ථාව තව කෙනෙක් නැති කළොත් ඒක සංසාරික වශයෙන් මොනතරම් බරපතල විදිහට එයාට බලපාවිද.

බලාගෙනයි.... පරිස්සමෙන්....

මේ සකුලුදායි කාශ්‍යප බුද්ධකාලේ පැවිදිදම් පිරූ කෙනෙක්. රහත්ඵලයට පත්වෙන්න පින තිබුණ භික්ෂුවකට ගිහි ජීවිතය ගැන රාගය ඇතිවෙන දේවල් කියලා ඒ භික්ෂුව අවුල් කළා. අවුල් කරලා සිවුරු අරින්න පාර කැපුවා. ඊට පස්සේ එයාගේ සිවුරු පිරිකර අයිති කරගත්තා. හිතුවා ඒ වෙලාවේ ජයක් කියලා. නමුත් කොහොමද ඒක විපාක දීලා තියෙන විදිය. ඒ නිසා හොඳට මතක තියාගන්න. කේළම් කියලා පවුල් කඩාකප්පල් කරන්න එපා. අනවින කොඩිවින හදිහූනියම් කරන්න එපා. කෙළවරක් නැතුව මිනිස්සු හරියට මේවා කරනවා. ඇයි පත්තරවලත් තියෙනවනේ. ලේසියට මිනිස්සු කරන්නෙ ම ඒවා. ඒවට අහුවෙච්ච අය ප්‍රශ්නේ විසඳගන්න අඬාවැලපීගෙන එනවා අපි ළඟට. අපි මොනවා කරන්නද. ඒ වගේ නීච ශාස්ත්‍ර හැම තැන ම, නීච මිනිස්සුන්ගේ අත්වල තියෙනවනෙ. ඒවායින් යැපෙන කොටස් ඉන්නවා. ඒවායෙන් මොකද වෙන්නේ, විශාල වශයෙන් පුද්ගලයාගේ සමස්ත සංසාර ගමන ම බරපතල විදිහට උපද්‍රවයන්ට බඳුන් වෙනවා.

බුදුකෙනෙකුටවත් වළක්වන්න බෑ....

දැන් බලන්න මේ සකුලුදායිට බුදුරජාණන් වහන්සේ ජීවමානව දකින්න වාසනාව ලැබිලා උන්වහන්සේගෙන්

ධර්මය අහලා හිතත් පැහැදුනා. 'අනේ ස්වාමීනී, මාව මහණ කරගන්න, මාව උපසම්පදා කරන්න' කිව්වා. එතකොට තමන්ගේම ගෝලයෝ වටවෙලා ඒකට බාධා කළා. ඒත් බුදුරජාණන් වහන්සේ මොකුත් වදාළේ නෑ. නිශ්ශබ්ද වුනා. එහෙනම් මේකෙන් තේරුම් ගන්න තියෙන්නේ මොකක්ද? කර්මය විපාක දෙනකොට මේ මහා බලසම්පන්න ශාස්තෘන් වහන්සේටවත් ඒකට මැදිහත් වෙන්ට බෑ.

ඔය වගේම තව සිදුවීමක් තියෙනවා. බාහිය දාරුචීරිය, පුක්කුසාති වගේ කීප දෙනෙක් ම එකට සම්බන්ධ වෙලා තියෙනවා. ඒගොල්ලෝ පෙර ආත්මෙක වෙසඟනක් අරගෙන ඒ වෙසඟන සමඟ එකට ඉඳලා සල්ලි නොදී වෙසඟනව මරලා. ඒ වෙසඟන මරණින් මත්තේ යකින්නියක් වුනා. යකින්නියක් වෙලා වෛශ්‍රවණ දෙවියන්ගෙන් වරම් අරගෙන ආත්ම ගණන් පස්සෙන් එනවා. දැන් බුදුරජාණන් වහන්සේ වැඩ ඉන්නවා. බාහිය දාරුචීරිය යොදුන් ගණන් මහා දුර ගෙවාගෙන සැවැත්නුවරට එනවා. එනකොට බුදුරජාණන් වහන්සේ මහපාරේ පිඬුසිඟා වඩිනවා. ධර්මය දේශනා කරනවා පාරේදි ම. රහත් වෙනවා.

කර්මවිපාක අචින්ත්‍යයි....

එහෙම රහත් වුනාම වෙන අයව නම් ඒහිභික්ෂු පැවිද්දෙන් පැවිදි උපසම්පදා කරනවා. ඉර්ධියෙන් සිවුරු පිරිකර ඔක්කොම ලැබෙනවා. බුදුරජාණන් වහන්සේ දහම් දෙසලා ඉස්සරහට වඩිනවා. ටික වෙලාවකින් ගවදෙනක් ඇවිල්ලා බාහියට අනිනවා. අර යකින්නි තමයි ගවදෙනට වැහිලා එන්නේ. බුදුරජාණන් වහන්සේ මේක දකිනවා.

නමුත් කරන්න දෙයක් නෑ.

ඊළඟට පුක්කුසාති කියන්නේ ගන්ධාර දේශයේ රජ්ජුරුවෝ. ඒ වැඩේට එදා එයත් හවුල් වුනා. පුක්කුසාති ආවා බුදුරජාණන් වහන්සේව හොයාගෙන. බුදුරජාණන් වහන්සේ සැවැත්නුවර හිටියේ. සැවැත් නුවර පහුකරගෙන මෙයා රජගහනුවරට ගියා. බුදුරජාණන් වහන්සේ දැක්කා මෙයාට තව ආයුෂ නෑ කියලා. යකින්නි පන්නනවා. තව දවසයි තියෙන්නේ. බුදුරජාණන් වහන්සේ රජගහ නුවරට වැඩලා කුඹල්හලකදී පුක්කුසාතිට ධර්මය දේශනා කළා. අනාගාමී වුනා. පැවිදි උපසම්පදාව ඉල්ලුවා. සිවුරු පිරිකර හොයාගෙන එන්න කිව්වා. පාත්‍ර සිවුරු හොයාගෙන යනකොට යකින්නි ආයෙත් වැස්සිට වැහිලා ඇන්නා. කුණුගොඩේ මැරිලා වැටිලා හිටියා. බිම්බිසාර රජ්ජුරුවෝ ගිහිල්ලා ආදාහනය කළා ගරුසරු ඇතිව.

සතර අපායෙන් ගොඩට යන්න නම්....

ඒ විදිහට කර්ම විපාක එනකොට ශාස්තෘන් වහන්සේටවත් බේරන්ට බෑ. ශාස්තෘන් වහන්සේටවත් බේරන්ට බැරිනම් කර්ම විපාක එද්දී ආයේ ලෝකේ වෙනත් බේරන්ට කෙනෙක් ඉන්නවාද? වෙන බේරන්ට කව්රුත් නෑ. එතකොට දැන් නිගණ්ඨ නාතපුත්‍ර කොහේද ඉන්නේ? නිරයේ. බුදුවරු හැටියට පෙනී හිටපු ඒ ඔක්කොම ශාස්තෘවරු නිරයේ ඉන්නේ දැන්. සුළු පිරිසකට තමයි මේ අවස්ථාව තියෙන්නේ සුගතියට යන්න. ගොඩාක් අය මනුස්ස ලෝකෙට ඇවිල්ලා එතනින් ලෙස්සලා සතර අපායට ම වැටෙනවා. ඒකෙන් ගොඩට යන්න නම් මනාකොට තිසරණයේ පිහිටා ගෙන ඉන්න ඕන. මම ඒකයි ගැඹුරු දහම් කරුණුත් කියා දිදී බුදුරජාණන්

වහන්සේ කෙරෙහි ම හිත පහදවන්න හදන්නේ. නමුත් සමහර අය ඉන්නවා ස්වභාවයෙන් ම මාන්නයෙන් යුක්ත අය. ඒගොල්ලෝ පහදින්නේ නෑ. මං කලින් කිව්වනේ වර්තමාන මනුෂ්‍යයා කොඩි දෙකක් ඔසවාගෙන ඉන්නවා කියලා. ඒ දෙක ම හානිකරයි. එකක් තමයි උඩඟුකම නමැති කොඩිය. අනිත් එක බොළඳකම නමැති කොඩිය. මේ කොඩි දෙක ම පහළට දාගන්න ඕන.

කාපු බතේ පහරනවා....

උඩඟු කෙනා ධර්මය උගන්වනකොට ඒ ධර්මය එහෙන් මෙහෙන් අල්ලගන්නවා. ඊට පස්සේ ඒ ධර්මය ඉගෙන ගත්ත තැනට ම බණිනවා. කොහොමද බණින්නේ? 'මහලොකුවට චතුරාර්ය සත්‍යය කතා කළා. දැන් මේ දෙවියන් අතරට යන්නලු. දැන් අරහෙට යන්නලු, මෙහෙට යන්නලු' කියලා ධර්මය උගන්වන තැනට ම බණිනවා. කාපු බතේ පහරනවා කියන්නේ ඒකට. චතුරාර්ය සත්‍යයෙන් පටන් ගත්තු එක ඇයි දිව්‍ය ලෝකෙට හැරෙව්වේ? වර්තමාන මනුෂ්‍යයාට චතුරාර්ය සත්‍යය අවබෝධ කරගන්න ශක්තිය නැති බව පැහැදිලිව ම පේන නිසා. අර විදිහට බණිනකොට සුගතියත් වැහෙනවා. එහෙම බණින්නේ උඩඟුකම නිසා. උඩඟුකමෙන් මිත්‍රද්‍රෝහීකම එනවා. මිත්‍රද්‍රෝහීකම කියන්නේ කළගුණ නොසැලකීම.

මිත්‍රද්‍රෝහී නොවන්න....

මෑත භාගයේ ගෞතම බුදුරජාණන් වහන්සේගේ ශාසනය හඳුන්වා දෙන්ට උස් හඬින් උදව් උපකාර කළේ මේ මහමෙව්නාවයි. මේ සූත්‍ර ධර්ම මිනිස්සු ජීවිතේට

අහලා තිබුණේ නෑ. ඒවා ඔක්කොම ඉස්මතු කරකර කතා කරන්න මුල් වුනේ මහමෙව්නාව. ඒ කතාව ම අල්ලගෙන, ඒ ධර්ම කතාව ම කරමින් ගැරහුවොත් 'දැන් මේ දිව්‍යලෝකේ යන්න කතා කරනවා. කෝ... චතුරාර්ය සත්‍ය කතාව නවත්වලා තියෙන්නේ මොකද?' කිය කියා කල්පනා කළොත් එයා අයිති වෙන්නේ මිත්‍ර ද්‍රෝහී පිරිසටයි. කර්ම විපාකවල තියෙන න්‍යාය තමයි වෙහෙර විහාර හැදුවත් මිත්‍රද්‍රෝහියාට ඉස්සෙල්ලා විපාක දෙන්නේ මිත්‍රද්‍රෝහීකමයි. ඊට පස්සේ තමයි වෙහෙර විහාර හදපුවා විපාක දෙන්නේ.

ගුණධර්ම නැතිකමෙන් තමයි මේ ඔක්කොම වෙන්නේ. උඩඟුකම කියන්නේ ගුණධර්මයක් නෙවෙයිනේ. ඒ උඩඟුකමෙන් යුක්තව තමන්ට වැටහිච්ච දෙයක් තියෙනවා වගේ කටවාචාලකමෙන් කියවනවා. යාන්තම් අමාරුවෙන් අපි කියාදීපු දෙයක් තමයි ඉගෙන ගන්නෙත්. ඒක මුල්කරගෙන උඩඟුකමෙන් ගරහලා, ඒ ගැරහීම මත අන් අයට පහදින්න තියෙන අවස්ථාවත් වළක්වනවා. අන් අයට තෙරුවන් සරණ යන්න තියෙන අවස්ථාවත් වළක්වනවා. අන් අයට ධර්මයට එන්න තියෙන අවස්ථාවත් වළක්වනවා. අන් අයට දෙවියන් අතරට යන්න තියෙන අවස්ථාවත් වළක්වනවා. වළක්වලා තමන් දුගතියේ යනවා. ඔච්චරයි වෙන්නේ.

පෞරුෂ හීනත්වය....

දැන් බලන්න සකුලුදායි පිරිවැජියාට ඒ අවස්ථාව ගිලිහිච්ච හැටි. ඒ ආත්මේ බැරිවුනා පැවිදි වෙලා මගඵල ලබන්න. ඊට පස්සේ එයා මොනතරම් පසුතැවි තැවී ඉන්න ඇත්ද අනේ මට වෙච්ච දෙයක් කියලා. ඇයි, හිතේ

පෞරුෂයක් නැතේ තීරණයක් ගන්න. තීරණයක් ගන්න පෞරුෂය නැති අය කොච්චර ඉන්නවද මිනිස්සු අතරේ. හරි හමන් තීරණයක් ගැනීමේ හැකියාව නැතිව විදෝ විදෝ ඉන්නවා. ඒ ඔක්කෝම සාංසාරික වශයෙන් යම්කිසි දේක විපාකයක්. දැන් බලන්න බුදුරජාණන් වහන්සේගේ ජීවිතයේ තීරණ ගැනීමේ දී හරිම පුදුම සහගතයි නේ. සාරිපුත්ත මොග්ගලාන රහතන් වහන්සේලාගේ ජීවිතවල තීරණ ගැනීමේදී පුදුම සහගතයි. සකුලුදායිට ඒ හැකියාව තිබුණේ නෑ. නමුත් හිතේ පැහැදීම තිබ්ච්ච නිසා ආයෙමත් අවස්ථාව ලැබුණා.

මේ කාලේ ගොඩාක් පිරිහිලා තියෙන්නේ. සාමාන්‍යයෙන් ළමයෙක් ඉස්කෝලේ පහේ හයේ වයසේ ඉඳලා ඒ ළමයා මානසිකව පිරිහෙන්න පටන් ගන්නවා. හතේ අටේ නමයේ වගේ වෙනකොට ඒ ළමයා අලුත් ලෝකෙට පිවිසෙන ළමයෙක්. ඊට පස්සේ තරුණ වයස එනකොට ඒ ළමයගේ අභ්‍යන්තරය හොඳට ම කුණු වෙලා. එච්චරට ම මේ මාධ්‍ය විසින් ඒ තත්වෙට ගේනවා. අභ්‍යන්තරය කුණු වෙච්ච ළමයෙකුට කොහොමද කුසල් උපද්දවගන්න හැකියාවක් එන්නේ? බොහෝම අඩුයි. බොහෝම අමාරුවෙන් තමයි එහෙනම් හිත පහදවා ගන්න තියෙන්නේ.

මෝරපු චරිතයක් වෙන්න....

ඒ හිත පහදවා ගන්න තියෙන අවස්ථාවත් අහිමි වුනොත් ඉතින් කරන්න දෙයක් නෑ. එහෙම කෙනෙක් උඩඟුකමේ පිහිටලා හිටියොත් තවත් සුන්. උඩඟු පුද්ගලයෙක් ඇසුරට හම්බුනොත් ඊටත් වඩා හානියක්. ඒ වගේම තමයි බොළඳ කෙනෙක් හම්බවුනොත් ආශ්‍රයට

ඒත් හානියක්. බොළඳකමටත් කුසල් වැඩෙන්නේ නෑ. උඩඟුකමටත් කුසල් වැඩෙන්නේ නෑ. ඒ දෙකම නැතිව මෝරපු චරිතයක් වෙන්න ඕන. ඒ මෝරපු බවත් එක්ක තමයි සිත ඍජුවෙන්නේ. එහෙම නැත්නම් මොකුත් නෑ. හිත පහදින්නේ නැතිවුනාම හිත වැනෙන සුළුයි. හිත වැනෙනසුළු වුනාම එකපාරට හිත කෙලෙස්වලට වැටිලා කෙලෙස්වල පිහිටනවා. ඒකෙන් ගොඩට ගන්න බෑ. ඊට පස්සේ විසඳුම් නෑ. ගිහිල්ලා කොහේ හරි කුණුගොඩක උපදියි මරණින් මත්තේ. එහෙම තමයි මේ සංසාර ගමන හැදි හැදී යන්නේ. සුගතියට නෙමෙයි මේක හැදි හැදී යන්නේ.

කාලිංගාරණ්‍යය හැදුන හැටි....

මම උදේ වරුවේ කිව්වා දණ්ඩකාරණ්‍යය හැදිච්ච හැටි. කාලිංගාරණ්‍යය හැදිච්ච හැටි මම දැන් ඔබට කියන්නම්. කලිඟු රටේ නාළිකිර කියන රජ්ජුරුවන්ගේ කාලේ ලුණු ඇඹුල් හොයාගෙන තාපසින්නාන්සේලා පන්සිය නමක් ගෝධාවරී කියන නදී තෙරට ආවා. ගෝධාවරී කියන නදිය ගලාබසින්නේ කාලිංග කියන ප්‍රදේශය පැත්තෙන්. මේ තාපසින්නාන්සේලා පන්සිය නම ම ඍද්ධි ප්‍රාතිහාර්ය පාන්න තරම් බලයෙන් යුක්තයි. බොහෝම පිරිසිදු ගුණගරුක තාපසින්නාන්සේලා. ඒ තාපසවරු පිඬුසිඟා වඩිද්දි මිනිස්සු දැකලා, පැහැදිලා දානමාන පූජා කළා.

ඊට පස්සේ මිනිස්සු ඇහුවා "තමුන්නාන්සේලා කොහෙදෑ මේ වඩින්නේ?" කියලා. "පින්වත්නි, අපි මේ විවේකයෙන් ඉන්න තැනක් හොයාගෙන යනවා" කිව්වා. "එහෙනම් වෙන කොහෙවත් යන්න අවශ්‍ය නෑ. අපේ

රජ්ජුරුවන්ගේ උයන හරි විවේකයි. එහේ වැඩඉන්න" කිව්වා. හවසට මිනිස්සු සුදු ඇඳගෙන, මල් අරගෙන තාපසින්නාන්සේලාගෙන් බණ අහන්ට ඕන කියලා උයනට යනවා. රජ්ජුරුවෝ උඩුමහල් තලේ ඉඳලා බලද්දි මහා සේනාවක් යනවා පේනවා. රජ්ජුරුවෝ ඇමතියන්ට කතා කරලා ඇහුවා "කොහෙද අර මිනිස්සු යන්නේ? කියලා. "රජතුමනි, රාජඋයනට තාපසවරු පිරිසක් ඇවිල්ලා ඉන්නවා. මේ මිනිස්සු පැහැදිලා උන්නාන්සේලාගෙන් බණ අහන්නයි එය යන්නේ" කිව්වා. "එහෙනම් පොඩ්ඩක් ඒ මිනිස්සුන්ට ඉන්ට කියාපං. මාත් එනවා" කිව්වා. හැබැයි රජ්ජුරුවෝ උඩඟුකම, බොළඳකම කියන කොඩිදෙක ඔසවාගෙන ඉන්න කෙනෙක්. දුෂ්චරිතයෙන් යුක්ත කෙනෙක්. දැන් මේ රජතුමාත් අර පිරිසත් එක්ක ගියා.

රජ්ජුරුවෝ වෛර බැඳගත්තා....

ගියාම අර මිනිස්සු කිව්වා "අනේ ස්වාමීනී, අපට හිතසුව පිණිස පවතින අවවාදයක් කරන්ට" කියලා. එතකොට අර ප්‍රධාන තාපසින්නාන්සේ කිව්වා "රජතුමනි, මෙලොව හිතසුව පිණිස පවතින කරුණු පහක් තියෙනවා. ඒ පහ ම පරලොව හිතසුව පිණිසත් පවතිනවා. මෙලොව පරලොව දෙකේ ම හානිය පිණිස පවතින කරුණු පහකුත් තියෙනවා. මහරජ, අපි ඉස්සෙල්ලා හානිය ගැන කතාකරමු. ඊට පස්සේ ඒවායින් වැළකී සිටීම ගැන කතා කරමු. මහරජ, මෙලොව පරලොව දෙකේ ම හානි පිණිස පවතිනවා සතුන් මැරීම. (රජ්ජුරුවෝ දඩයමේ යනවා. රජ්ජුරුවෝ හිතුවා ඕන්න මට පාරක් ගැහුවා කියලා. තාපසින්නාන්සේ මේ මොකුත් දන්නේ නෑ) රජතුමනි,

සතුන් මරපු අය මරණින් මත්තේ දුගතියේ යනවා. උපනුපන් ආත්මවල අඩු ආයුෂෙන් යුක්ත වෙනවා" කියලා මේ ආදී වශයෙන් කියාගෙන ගියා.

දැන් රජ්ජුරුවෝ කල්පනා කරනවා බිම බලාගෙන 'හා.... මාව ඉලක්ක කරගෙනයි මූ මේ බණ කියන්නේ' කියලා. අර තාපසින්නාන්සේ ඊළඟට කියනවා "පින්වත්නි, සොරකම් කරන්නත් හොඳ නෑ. සොරකම් කිරීම මත උපනුපන් ආත්මයේ දුගීව වාසය කරන්න වෙනවා. මරණින් මත්තේ දුගතියේ යනවා" කිව්වා. රජ්ජුරුවෝ හොරකම් කරනවා. 'ආ.... මුන්දෑ දැන් මට ඒකත් උගන්නන්න එනවා' කියලා හිතුවා. බලන්න උඩගු පුද්ගලයාට දහම් කතාව කණපිට හැරෙන හැටි. මේකා මගේ චරිතය දැනගෙන මට නින්දා කරන්න ම යි මේවා කියන්නේ කියලා හිතුවා.

රජුගෙන් ආරාධනා....

ඊට පස්සේ කිව්වා "රජතුමනි, වැරදි කාම සේවනයේ යෙදෙන්න හොඳ නෑ. ඒකෙන් මේ වගේ විපාක ලැබෙනවා" කිව්වා. ඒ විජිතයේ ලස්සන කෙල්ලක් දැක්කොත් රජ්ජුරුවෝ තමයි අරගෙන යන්නේ. 'ආ.... මුන්ට ඒකත් ආරංචි වෙලා' කියලා රජ්ජුරුවෝ දැන් හිතනවා. මේ විදිහට පංච දුෂ්චරිතය ගැනත් විස්තර කළා. පංච සීලය ගැනත් විස්තර කළා. බණ ඉවර වුනාට පස්සේ රජ්ජුරුවෝ කිව්වා "එහෙනම් ස්වාමීනී, ඔය පන්සිය නමට ම මං ආරාධනා කරනවා හෙට රාජ මාළිගාවේ දානේ වළඳන්න වඩින්න කියලා." තාපසවරු ආරාධනාව භාරගත්තා.

භාරගෙන ඒ ප්‍රධාන තාපසතුමා අනිත් තාපසයින්ට කියනවා "ඇවැත්නි, අපට මේ වුනේ අපි බලාපොරොත්තු වුන එකක් නෙවෙයි. අපි මේ රාජ මාළිගාවට යන්න ආසාවෙන් ආවා නෙවෙයි. ලුණු ඇඹුල් හොයාගෙනයි අපි අවේ. දැන් අපිට බලාපොරොත්තු වෙච්ච නැති දේකට මූණ දෙන්න වෙලා. රාජ මාළිගාවට යන්ට වෙලා. ඇවැත්නි, රාජ මාළිගාව කියන්නේ අපි වගේ පැවිද්දන්ට සුදුසු තැනක් නෙවෙයි. ඒ නිසා හොඳට මේ ඇස් දෙක සංවර කරගන්න. කන් දෙක සංවර කරගන්න. ඉරියව් ගැන කල්පනාවෙන් ඉන්න. ඉඳලා හෙමිහිට අපි ඈත පළාතකට යමු. රාජ මාළිගාවලට සම්බන්ධ වෙලා අපි ඉන්න හොඳ නෑ" කියලා කිව්වා.

බලාපොරොත්තු නොවූ විපතක වැටුනා....

රජ්ජුරුවෝ මාලිගාවට ගිහිල්ලා මොකද කළේ, හැළිවළංවල අසූචි පුරවලා, කෙහෙල් කොළවලින් වහලා තිබ්බා. පිටවෙන පැත්තේ පඩිපෙළේ දිගටම ග්‍රීස් ගෑවා. ඊට පස්සේ ඒ පඩිපෙළ පාමුල මීනී කන බල්ලෝ බැඳලා තිබ්බා. මල්ලව පොර කරන මිනිස්සුන්ව ගෙන්නලා පොලු දීලා තිබ්බා. දැන් ඔන්න පහුවදා පන්සිය නම පාත්තරත් අරන් දානේ වළඳන්න හිතාගෙන මාලිග ාවට වැඩියා. වැඩියාම රජ්ජුරුවෝ ඇහුවා "ආ.... තොපි එහෙනම් ආවා නේද රජමැදුරේ බත් කන්ට.... තොපි ඊයේ බණ කියනවා කියලා පිරිස මැද මට නින්දා කළා. දැන් ඇතිතරම් මේවා කාපල්ලා... ඕනෙ නම් අරගෙනත් පලයල්ලා... තොපිට හරියන්නේ මේවා තමයි' කියලා අර අසූචි පුරවපු හැළි ඇරලා පෙන්නුවා. එතකොට ප්‍රධාන තාපසතුමා රජ්ජුරුවන්ගේ මූණ දිහා බැලුවා. රජ්ජුරුවෝ

හැන්දකින් අර අසූචි අරගෙන ප්‍රධාන තාපසින්නාන්සේගේ පාත්තරේට දාන්න හැදුවා. උන්නාන්සේ චී... චී.... කියලා ආපහු හැරුනා. එතකොට ම මල්ලවපොරකාරයෝ ඇවිල්ලා පොලුවලින් ඒ තාපසවරුන්ගේ ඔළුවට ගහලා අර ග්‍රීස් ගාපු පඩිපෙළ පැත්තට තල්ලු කළා. ඔළු පලාගෙන රෝල් වෙලා ගිහිල්ලා පඩිපෙළ පාමුල වැටිච්ච ගමන් අර මිනී කන දඩයම් බල්ලන්ව ලෙහුවා. එතන ම අර පන්සිය දෙනා ම බල්ලෝ හපලා මැරුනා.

බිහිසුණු ය මේ සසර....

ඊට පස්සේ රජ්ජුරුවෝ එදා රාත්‍රියේ සාජ්ජයක් දාලා බොහොම සතුටින් වාසය කළා. අර විදිහට ම වැසි වසින්ට පටන් ගත්තා. ආභරණ වැසි වසින්ට පටන් ගත්තා. එතකොට ඔක්කොම එළියට ආවා. ආයුධ වැසි වැස්සා. සියලු දෙනාම මැරුණා. මැරිලා ඒ පළාත ම වනාන්තරයක් වුනා. එහෙමයි කාලිංගාරණ්‍යය කියන එක හැදුනේ. දුෂ්ට මිනිස්සුන්ගේ ලෝකයක් මේක. මේ සංසාර ගමන යන්න තියෙන්නේ එබඳු වැඩපිළිවෙළක් තියෙන ලෝකෙක. මේකේ රැකවරණයක්, පිහිටක්, අනුකම්පාවක්, සාධාරණයක් හොයනවා නම් එයා දුක්ඛාර්ය සත්‍යය දන්නේ නෑ. 'මේකට ම නැවත නැවත එන්න ඕන' කියලා හිතනවා නම් එයා දුක්ඛසමුදය දන්නෙත් නෑ. 'අනේ මේකෙන් නිදහස් වෙන්න බෑ' කියලා හිතනවා නම් එයා දුක්ඛ නිරෝධය දන්නෙත් නෑ. 'අනේ මේකෙන් නිදහස් කරගන්ට කවුරුවත් නැද්දෝ' කියලා හිතනවා නම් එයා දුක්ඛනිරෝධගාමිනී ප්‍රතිපදාව දන්නෙත් නෑ.

මේ දුක් කරදර නැති ලෝකයක් පතනවා නම් එයා සසර හඳුනන්නේ නෑ. මේ සසරේ අපට නොයෙක්

ආකාරයට මේ විදිහේ විපත්වලට මූණ දෙන්න සිද්ධ වෙන්න පුළුවන්. දැන් බලන්න බුදුරජාණන් වහන්සේ ආත්මභාව ගාණකට පස්සේ ධර්මය අවබෝධ කරන එක්කෙනාවත් හොයාගෙන ගියානේ. බලන්න ඒ බුද්ධකෘත්‍යය මොන වගේ ද කියලා. කොච්චර සම්පූර්ණ එකක්ද කියලා. උන්වහන්සේ දකිනවා මේ කෙනා දැන් හිත පහදවා ගනියි. හිත පැහැදුනාට පස්සේ මේ ආත්මේ බැරිව යයි. හැබැයි ඊළඟ ආත්මෙක එයාට මේ අවස්ථාව ලැබෙයි කියලා. බුදුරජාණන් වහන්සේගේ කරුණාව, බුදුරජාණන් වහන්සේගේ දයාව, උන්වහන්සේගේ හෘදයේ ඇති මහා අනුකම්පාව හරිම ආශ්චර්යයි. සත්වයා ව මේ විපතින් බේරගන්නයි එහෙම කරන්නේ.

යම් කෙනෙකුට හිතෛෂී නම් කළයුතු දේ....

ඒ නිසයි බුදුරජාණන් වහන්සේ අපේ ආනන්දයන් වහන්සේට වදාළේ "ආනන්දය, ඔබ යමෙකුට හිතෛෂී ද, කාරුණික ද, හිතවත් ද, ඒ සියලු දෙනාව ම තථාගතයන්ගේ සරණේ සමාදන් කරවන්න. තථාගත ධර්මයේ සරණේ සමාදන් කරවන්න. තථාගත ශ්‍රාවක සංඝයාගේ සරණේ සමාදන් කරවන්න" කියලා. මොකද හේතුව, සත්වයා කර්මානුරූපව නොයෙක් අවස්ථාවල අසරණ වෙනවා. කර්මානුරූපව පරිසරය හැදිච්ච ගමන් කර්ම විපාක දෙන්න පටන් ගන්නවා. දැන් ඔබට මේ ධර්ම කතාව නිතර අහන්න ලැබුණට බොහොම සුළු කාලයයි මේ ධර්මය කතා කරන්න පටන් අරන්. අපි පුංචි කාලේ, ඒ කියන්නේ දැනට අවුරුදු හතළිහකට, හතළිස් පහකට වගේ ඉස්සෙල්ලා අපිට මතකයි හැමදාම ගමේ තොවිලයක්. එච්චර මහා අමනුස්ස ග්‍රහණයක් එක්ක

තමයි මිනිස්සුන්ගේ ජීවිත තිබුණේ. දැන් තමයි ඒවා ටිකක් එහෙට මෙහෙට වෙලා තියෙන්නේ. මේ ධර්ම කතාව නැතිවෙච්ච ගමන් ආයේ පටන් ගන්නේ තොවිල්පවිල් තමයි. මිනිස්සුන්ගේ ජීවිත පුදුම විදිහට නොපෙනෙන ලෝකෙත් එක්ක බද්ධ වෙලා තියෙන්නේ.

සැබෑ ශ්‍රාවකයෙකුගේ වෙනස....

ඒ නිසා හොඳට නුවණින් මෙනෙහි කර කර බුදුරජාණන් වහන්සේව සරණ යන්න බලන්න. දැක්කනේ උපාලි ගෘහපතිතුමා සරණ මෙනෙහි කරපු ආකාරය. උපාලි ගෘහපතිතුමා නිගණ්ඨනාතපුත්‍රට කිව්වේ නැනේ 'දැන් බලන්න... මං ඔහේට කොච්චර දායකකම් කළාද... මට කිසි අවබෝධයක් ආවේ නෑ. දැන් මං මෙලොව දන්නවා. පරලොව හැදෙන හැටි දන්නවා. මම හේතූන් නිසා ඵල හටගන්න හැටි දන්නවා' කිය කියා තමන්ව හුවා දක්වගන්න ගියාද? නැනේ. ඔන්න ඕකයි සැබෑ ලෙස සරණ ගිය කෙනාගේ වෙනස. ශාස්තෘන් වහන්සේ ගැන ම යි කිව්වේ. ඒ ශ්‍රාවකයා අර කොඩි දෙක පල්ලෙහාට දාලා ඉන්නේ. උඩඟුකම නමැති කොඩියයි, බොළඳකම නමැති කොඩියයි උස්සන් ඉන්න තාක්කල් එයාට පිහිටක් නෑ.

උත්සාහය අපතේ යන්නේ නෑ....

අපිට එක එල්ලේම කියන්න බෑ මේ ජීවිතයේ අපි සෝවාන් වෙයි කියලා. හැබැයි මේ ගන්න වෑයම අහක යන්නේ නෑ. මේ ඇතිවන චිත්තප්‍රසාදය අපතේ යන්නේ නෑ. අපට උපකාරී වෙනවා. උපකාරී වෙන විදිහට නුවණ පාවිච්චි කරලා හදාගත්තොත් හරි. දැන් බලන්න මේ

සකුලුදායිගේ පැහැදීම එයාගේ ජීවිතයට කොච්චර දුරට බලපෑවා ද. එයා අන්‍ය ආගමිකයෙක් හැටියට ලොකු ගෝල පිරිසක් එක්ක හිටියේ. නමුත් බලන්න එයාට ඒ අවස්ථාව ලැබුණනේ. ඒ නිසා අපටත් අපගේ ශාස්තෘන් වහන්සේගේ ශාසනයේ උතුම් චතුරාර්‍ය සත්‍යය අවබෝධ කරගන්ට, මේ චිත්තප්‍රසාදය දියුණු කරගන්ට වාසනාව ලැබේවා...!

සාදු! සාදු!! සාදු!!!

❀ ❀ ❀

මහාමේඝ ප්‍රකාශන

13. පිහිටක් තියෙනවා ම යි
14. කොහොමද පිහිට ලැබගන්නේ
15. බුදු නුවණින් පිහිට ලබමු
16. අසිරිමත් දහම් සාකච්ඡා
17. දිව්‍ය සභාවක අසිරිය!

- **සදහම් සිතුවම් පොත් පෙළ :**

01. ඡත්ත මාණවක
02. බාහිය දාරුචීරිය මහරහතන් වහන්සේ
03. පිණ්ඩෝල භාරද්වාජ මහරහතන් වහන්සේ
04. සුමන සාමණේර
05. අම්බපාලී මහරහත් තෙරණියෝ
06. රට්ඨපාල මහරහතන් වහන්සේ
07. සක්කාර නුවර මසුරු කෝසිය
08. කිසාගෝතමී
09. උරුවේල කාශ්‍යප මහරහතන් වහන්සේ
10. සංකිච්ච මහරහතන් වහන්සේ
11. සුප්පබුද්ධ කුෂ්ඨ රෝගියා
12. නිවී ගිය සේක බුද්ධ දිවාකරයාණෝ
13. සුමන මල් වෙළෙන්දා
14. කාලි යක්ෂණිය
15. මුගලන් මහරහතන් වහන්සේ
16. ලාජා දෙවඟන
17. ආයුවඩ්ඪන කුමාරයා
18. සන්තති ඇමති
19. මහධන සිටුපුත්‍රයා
20. අනේපිඬු සිටුතුමා
21. නන්ද මහරහතන් වහන්සේ
22. මණිකාර කුළුපග තිස්ස තෙරණුවෝ
23. විශාඛා මහෝපාසිකාව
24. පතිපූජිකාව
25. සිරිගුත්ත සහ ගරහදින්න
26. මහාකස්සප මහරහතන් වහන්සේ
27. අහෝ දෙව්දත් නොදිටි මොක්පුර
28. භාගිනෙය්‍ය සංඝරක්ඛිත මහරහතන් වහන්සේ
29. උදලු කෙටිය
30. සාමාවතී සහ මාගන්දියා
31. සිරිමා
32. බිළාලපාදක සිටුතුමා
33. මඝවා නම් වූ සක් දෙව්ඳු

- **English Books :**

01. Mahamevnawa Pali-English ParittA Chanting Book
02. The Wise Shall Realize
03. The life of Buddha for children
04. Stories of Ghosts
05. Stories of Heavenly Mansions
06. Stories of Sakka, Lord of Gods
07. Stories of Brahmas
08. The Voice of Enlightened Monks
09. The Voice of Enlightened Nuns
10. What Does the Buddha Realy Teach ?

- **Children's Story Books :**

01. Chaththa Manawaka
02. The Great Arhant Bahiya Darucheeriya
03. The Great Arhant Pindola Bharadvaja
04. Sumana the Novice monk
05. Stingy Kosiya of Town Sakkara
06. Kisagothami
07. Sumana The Florist
08. Kali She-devil
09. Ayuwaddana Kumaraya
10. The Banker Anathapindika
11. The Great Disciple Visākhā
12. Siriguththa and Garahadinna